見抜く力

びびらない、騙されない。

Masaru Sato
佐藤優

見抜く力

びびらない、騙されない。

目次

目次

第2章 リーダーになる人に知っておいてほしいこと

社会情勢を見極める

第3章 「考える力」が身につく育て方

家庭教育がカギになる

はじめに

生き残ることが重みを増す時代には、人や情報の真偽や意味を見抜き、必要以上にびびらないこと、騙されないことが重要です。

人や情報が誰かを騙すとき、意図的であるとは限りません。国やマスメディアが国民を騙すときがそうです。大国の指導者たちでさえ、当初は新型コロナウイルスの感染拡大を見抜けず、事態を楽観視していました。その後は危機から脱しようと躍起になって、無意識のうちに騙してしまうケースが出てきました。

布マスクを1人に2枚ずつ配付したのも、ある意味で国民を騙すような政策でした。あのとき政府は「マスクさえ配れば、国民の不安はなくなる」と、本気で考えていたのです。その後のドタバタを知るいまになれば、多額の税金を投入してなんというバカなことをやったのかがわかります。そこに悪意がなかったこともわかります。混乱の中では意図せずに人を騙せるし、騙されてしまうのです。

新型コロナは、3つの格差を拡大させました。

第一に、階級間の格差です。日本の中流階級は没落してしまいました。リモートワークが許されるような大企業に勤める人は恵まれていますが、飲食や小売りなどの自営業者や中小企業は直撃を受けました。

それに絡む二番目は、ジェンダー間の格差です。特に母子家庭は、経済的に厳しい状況に追い込まれました。もともと非正規雇用の仕事に就いていた人が多い上、学校の休校が長引いたせいで、仕事を休んで子どもの面倒を見なければならなくなったからです。ある程度の年齢になって離婚したり、夫と死に別れたシングルの女性が置かれている状況も、同じように厳しくなっています。

第三は、地域間の格差です。東京とそれ以外の地域で、生活環境の格差が広がっています。たとえば台風や大雨に見舞われたとき、東京の災害対策が相対的にうまくいっているのは、お金や技術や知的なマンパワーが東京に集まっているからです。

これらの格差は新たに生じたものではなく、以前から日本の社会に存在していました。それが、コロナによって同時進行的に加速している。その現実に気づくことが大切です。

日常的に新聞を読んだりニュースを見れば、断片的に情報を得ることはできます。しかしデータを集積するだけでは、ノイズが増える一方です。ノイズとインフォメーションを仕分けし、インフォメーションをインテリジェンスに磨き上げていくのが、見抜く力です。見抜く力とは、事実を拾い上げて選り分け、点と線を繋げ、物語を構成する力でもあります。人の本質を見抜くにも、相手の発言そのものだけではなく、相手の利害関心や、表情、服装、持ち物や口癖などから、その人物の本質や意図をあぶりだしていく必要があります。本書でも強調しましたが、常時マスクを着用するコロナ禍においては、特に「目」が重要になってくると思います。

世の中はコロナ禍以降、変わりつつあります。いまの仕事や生活がいつまで安泰かわからないばかりか、下手を打てば生き残れない。そんな過渡期に、この本は出版されます。

この本の構成は、他に類を見ないものです。もとになったのは、雑誌『プレジデント』に2018年4月から2019年10月まで掲載された「佐藤優の新しい教養」という連載です。これは、毎号見開き2ページの対談記事でした。

ゲストとしてご登場いただいたのは、独自の理念をもつ企業経営者、人材の育成に尽力する大学の学長、最先端分野に携わる研究者など、その道において一級の人ばかり。様々な分野で活躍するこの人たちは、それぞれ独自の目を持っています。私には見抜けない事柄を見抜く力の持ち主です。

この本は、誌面に掲載された対談をそのまま再録するのではなく、この人たちの見抜く力が象徴的に現れた言葉を抜き出して紹介しています。

一人の人間が経験できることには、限界があります。しかし書籍を通じた代理経験には、限界がありません。危機を何度も切り抜けてきた経営者や、時代を切り開く研究者たちのノウハウは、ビジネスパーソンがこれから直面するどんな局面にも役に立つはずです。

常識や情報の意味を見抜き、人の本質を見抜き、日常的なビジネスや生活に結びつける力をつけることが、この本の意図です。

生命としての生存がかかると、人の感覚や神経は研ぎ澄まされます。適切な例ではないかもしれませんが、テクノロジーが発達するのは戦争のときです。敵に負けないように必死に技術開発をするから斬新な発想が出てくるし、思いつきを形にする努力も限界を超えます。

感覚や神経が研ぎ澄まされるときには、いい訓練ができます。厳しい状況を生き抜かなければならない今こそ、見抜く力を研ぎ澄ますチャンスなのです。

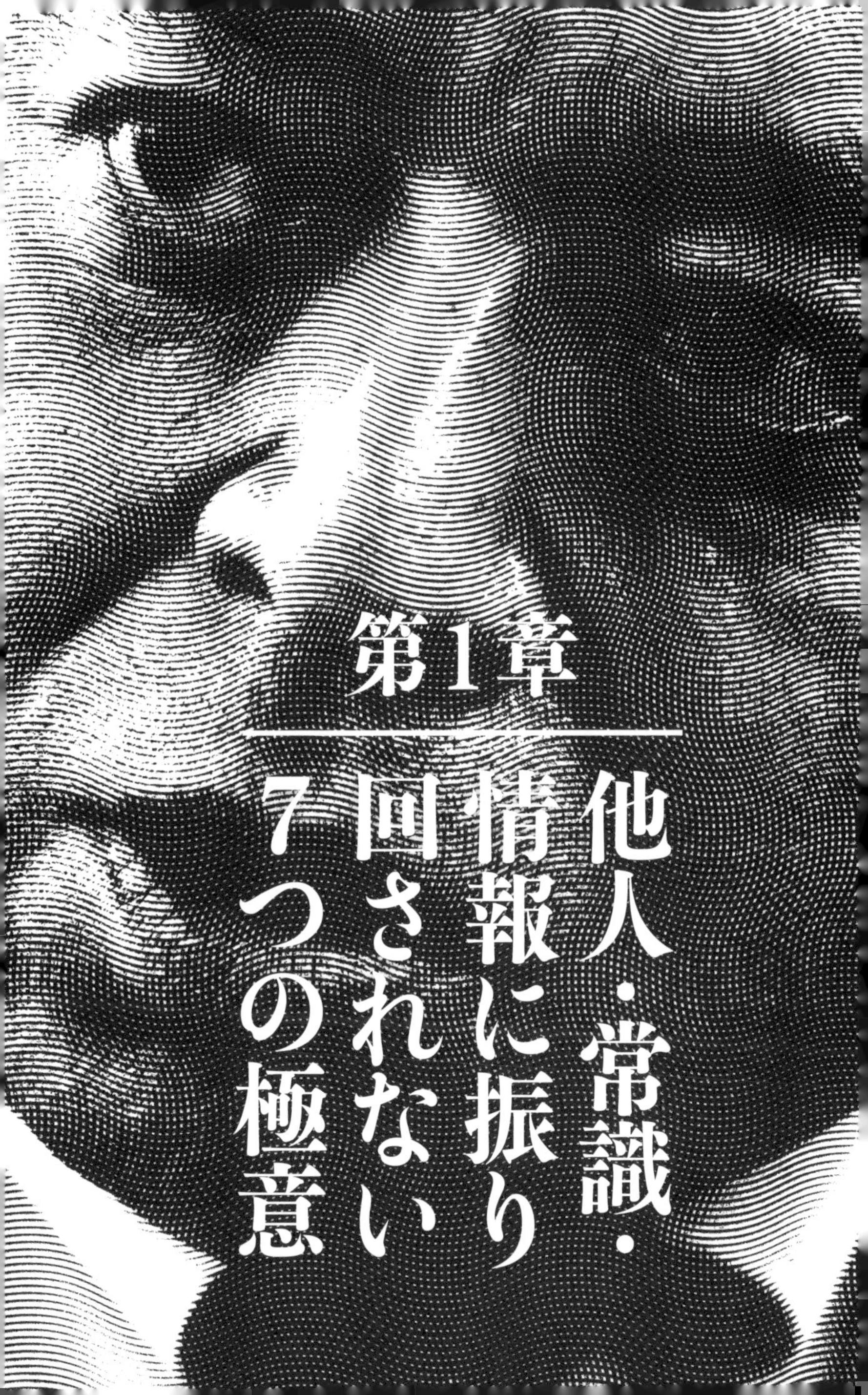

第1章

他人・常識・情報に振り回されない7つの極意

極意1

攻撃的な人の本音を見抜く

◎「言い返す」「感情的になる」はNG

危機の時代を生き抜くためにも、まず大切なのが、人を見抜く力です。

嫌いな相手や苦手な相手とも、付き合わざるを得ないのがビジネスです。中でも面倒なのは、攻撃的な態度を取ってくる人です。すぐ怒鳴ったり威圧的になる人を前にすると、つい臆したり気圧《けお》されてしまうものです。

攻撃的な人には、2つのタイプがあります。ひとつは、瞬間湯沸かし器型の人。もうひとつが、戦略的な観点に立っている人です。

前者は自身の脳内分泌に問題を抱えている人ですから、気にすることはありません。怒りの分泌物が出やすい人だ、という予見を持って付き合えばいいのです。怒鳴るにとどまらず、物理力を行使してくる場合もあります。机を叩く、灰皿を投げる、手が出てくる、まで幅はありますが、暴力性が発揮されたときは、演技ではないと知るべきです。

書店に並んでいるアンガーマネジメントの本は、脳内分泌の問題がある人に向けて行動療法などを説いたものです。こういう情緒不安定なだけの人は、ビジネスの現場からは淘汰されていくものです。

問題は、戦略的に怒鳴る人。あるいは優位を保とうとして攻撃的な議論を進めてくる、後者のタイプへの対処です。怒鳴れば喉が痛いし、威圧的になれば嫌われるものです。それでもこうした態度を取ってくるのは、それ相応の利益を得られるからです。

怒鳴るという行為は、意思決定におけるショートカットのひとつです。ただし何の力も持たない人が怒鳴ったところで、誰も言うことなど聞きません。普通に議論したら負けるとき、言い分を押し付けられるだけの力が自分の側にあると自覚する人が、議論を省くために用いる手段なのです。

私自身は威圧的な人に対するとき、基本的に「はい、わかりました」と相手の言う通りにします。仕事上必要なら、土下座でもなんでもします。「うるせーな、頭悪そうだな」と思うだけで、感情的になることもありません。

相手が意図して攻撃的になる状況では、力関係においてこちらが劣位なのです。感情的であれ冷静であれ、相手の非論理に対して論理的に応じるのは、カテゴリー違い。言い返すなど、もってのほかです。敵は百も承知の上で攻めてきている、と見なければいけません。

そもそも力とは、相手の意思に反して自分の意思を押し付けることです。それは一種のハラスメントであり、権力の本質を突き詰めればパワハラだと言えます。払いたくない税金を払うのは、国家が暴力（バイオレンス）によって支えられているからです。昔は徴兵制があって、軍隊に行けば殴られるし死ぬかもしれない。誰も行きたくないのに、行かざるを得ませんでした。

会社の指揮命令系統や仕事も、すべてパワハラの塊です。たとえば、毎朝8時半に出社する決まりがパワハラです。会社という権力を背景にした就業規則という暴力装置があるため、一方的に決められた時刻に行かなければいけません。本当は、仕事に支障がなければ何時でもいいし、コロナがあろうとなかろうと在宅で構わないはずです。

逆に言えば、コロナで在宅勤務を強要されるのも同じです。「家にいると子どもがうるさいし、会社のほうが仕事がはかどるんです」と申し出ても、「来るな」と命じられてしまう。自己の意思に反してということをポイントに置くならば、濃い薄いの違いはあれど、誰もがパワハラ環境の中に組み込まれています。

そんな社会や組織で生きている以上、従わざるを得ません。会社を辞めてフリーランスになれば抜け出せるかというと、そうはいきません。今度は、契約自由の原則を盾にした金のパワーに縛られます。私のような作家業だと、誰を使うかは出版社の自由です。契約しないという形で作家を日干しにできる力を、組織は持っているのです。

事あるたびにマウンティングを取ろうとしてくる人も、こちらより優位に立つことによって、自分の利益が拡大することを狙っています。この人たちは、同僚や自分より下の相手に対してはしきりにマウンティングを取ろうと努めますが、自分の人事権を握っている上司など、立場が上の人間に対してはそうしません。

マウンティングは承認欲求の一種で、出世願望の変形です。出世できないことがわかっているから、同じ立場の中では自分が一番すごいと思われたり、褒められたいのです。

力を背景に攻撃的な態度に出る人と接するときは、まず相手の利害関心や、目指している利益は何なのかを見抜くように努めます。こちらは絶対に感情的にならず、冷徹であることが大事です。

ごり押しをするために怒鳴ったり攻撃的になる人を前にすると、誰でも面倒に感じて引いていくものです。この人たちは、その場はとりあえず思い通りにできても、もう付き合いたくないと思われるので、次がありません。

一度限りの付き合いで終わる相手とは、利害関係の分配を早く済ませておくことが肝心です。その究極は、マフィアのビジネスです。常に現金処理で、貸し借りをあとに残さないのが、あの人たちの流儀です。

応用問題に触れるとすれば、こちらがあえて攻撃的になり、怒鳴ったり威圧する演技をすることも考えられます。ただし、あまりお勧めはしません。そういう演技をしているうちに脳内分泌が活発になり、自分が瞬間湯沸かし器型になってしまう恐れがあるからです。

◎厄介な嫉妬から身を守る方法

ストレートに怒りをぶつけてくるよりも厄介なのが、嫉妬心を抱くタイプの人です。嫉妬心も承認欲求の変形ですから、誰の中にも必ずあります。仕事の面では、それが権力闘争と結びつくから面倒なのです。加えて、嫉妬される側には防御策がありません。

イレギュラーの抜擢人事を受けた人は、自分の能力が正当に評価されたから登用された、としか思わないものです。ところが傍目で見ている人は、アイツが登用されたのは能力があるからだとは考えず、自分が優遇されないのを不当な扱いだと感じます。他人に嫉妬する人は、自分が嫉妬していると認識しないのです。

組織で1人を登用すれば、5人の敵ができると見るべきです。代わりに出世から外されたと思う人は、死ぬほど恨むからです。つまり人事担当者は、10人の登用人事を行なえば50人が自分の敵になります。ですから社長のポジションに長くいようと思うなら、人事には触らないことです。恨みを買わないため、人事部長に任せておいたほうがいいのです。人事部長は恨まれても、2年から3年で交代するからです。

組織において、優秀なのに嫉妬されないというポジション取りは難しいものです。嫉妬を防ぐことはできませんが、買わないような努力はできます。大切なのは口です。言葉遣いにだけ注意しておけば、ある程度の摩擦は避けられます。

第一に、刺激せず、乱暴な言葉遣いをせず、聞き上手になることです。ドストエフスキーの『カラマーゾフの兄弟』に出てくる三男アリョーシャは、聖人のように描かれますが、同書の翻訳も手掛けたロシア文学者の亀山郁夫さんは、アリョーシャは相手の言葉を繰り返しているだけだと指摘しています。

会話というのは、実は相槌さえ打っていれば成り立ちます。自分から積極的な話をせず、相手の言っていることを「～ですね」「～ですか」とオウム返しにしていると、会話は流れていくのです。すると相手は、自分の話を聞いてもらえたと満足します。**質問力の神髄はオウム返しです。嫉妬を買わない人は、だいたいオウム返しが上手です。**

嫌な状況を切り返すための話術は、論点回避です。これはディベート術であまり教えられないのですが、実際は非常に役に立ちます。テレビドラマ『黒革の手帖』(2017年版)で、武井咲さん演じる主人公の元子が、ある女性の写真を見せられて「どう思う?」と尋ねられ、「素敵なお召し物ですこと」と答える場面があります。容姿や性格がよさそうに見えなかったため、論点をすり替えたのです。

話題をうまく転換して会話が途切れないようにしながら、問題の本質に触れない。この場面は松本清張の原作にはないので、見事な脚本でした。とっさの切り返しは、場数を踏まなければできるものではありません。そこで本や映画やドラマで、こうした代理経験を積むことがいい訓練になります。大流行した『愛の不時着』や『梨泰院クラス』などの韓流ドラマには、激しく喧嘩しているように見えて相手の懐に飛び込んでいくなど、やりとりから学べることが多いと言えます。

◎相手の本音が見抜けない3つの理由

裏返して考えると、なぜ相手の本音が見抜けないのでしょうか。それは、我々の目に曇りがあるからです。ひとつには、本音を知るのが怖い。相手が本当は自分をどう見ているか、知らないほうが気楽だという気持ちです。

ドイツの社会学者ニクラス・ルーマンは『信頼』という著書で、これを「複雑性の削減システム」だと言っています。たとえば信号が青で道を渡るとき、車が突っ込んで来ない保障はありません。歩いていたら空から隕石が落ちてきて、頭に当たるかもしれません。可能性はごくわずかですが、一定の確率で存在する危険です。

そうした危険はないという前提の下、我々は暮らしているわけです。見知らぬ誰かに襲われるかもしれないと考えたら、武装しなければ外を歩けないことになってしまいます。

それと同じで、**会社でも取引先でも人間関係への信頼は、ときに少し裏切られても見ないふりができます。なぜかというと、自分を騙すような人を信頼してきた自分が惨めになるからなのです。**

また、怒りや嫉妬も人の目を曇らせます。聖書の言葉に「敵を愛し、自分を迫害する者のために祈りなさい」（「マタイによる福音書」5章44節）という言葉がありますが、これは敵を作るなとか、どんな相手でも愛せというような博愛主義を説いているのではありません。敵というのは誰しも憎いものです。でも、他人を憎めば相手に対する認識が歪んで、正確な判断ができなくなり、自分が損をします。だから、敵を愛するくらいの感覚を持ちなさいと言っているのです。

学生時代までの友達は、利害関係のない付き合いでした。社会人が仕事で知り合って利益のない友達になっているとしたら、どこか付き合い方がおかしい。きつい言い方をすれば、真面目に仕事をやっていないということです。ゴルフ仲間でも飲み仲間でも、どこかに必ず仕事上の利益が付きまとうはずだからです。

ヘッドハンターから声がかかって、他社への転職を勧められたとしましょう。自分は高く評価されたと思って、ホイホイ乗ってはいけません。ヘッドハンターは、この転職を成功させなければ、報酬が出ないはずです。人を動かすことが目的なら、自分のことを親身に思って転職を勧めるはずがないし、次の会社の悪い情報をくれるはずもない。そう考えれば、騙されずにすみます。

こうした基本がわかっていれば、相手の本音は利害関係に基づいているとわかるでしょう。利害関係があると友人になれない、という意味ではありません。ビジネスで付き合う相手とは、お互いの利害によって関係が成り立っていることを忘れてはいけないのです。**したがって相手の本音を見抜くとは、相手の利害がどこにあるかを突き止めることにあります。**

極意2

相手の情報が正しいか見抜く

◎この質問で他人の嘘は見抜ける

ビジネスの現場では様々な人と出会い、企画の提案を受けたり、商談を行なったりします。相手の提供する情報が正しいかどうか判断し、隠された意図を見抜く必要があるのは、かつて私が携わっていた外交交渉と同じです。

相手の情報の確かさを見極めるために、インテリジェンスの世界でよく使う手法があります。たとえば中国に関する独自情報をもたらした人物がいたとして、真偽を確かめるときには、その情報の周辺について探りを入れるのです。

ごく簡単な例をあげるなら、「ところで、中国の人口はどれくらいでしたっけ？」と訊いてみます。そこで「10億人」と答えた人の話は、習近平体制の危機をどんなに具体的に語ろうとも、聞く必要がありません。「7000万人」と答えた人の話も、聞くに値しません。中国の人口は約14億人です。土台となる情報が正確でなければ、その上に乗っている情報は信用できないのです。

ものごとは、事実、認識、評価を分けて考えることが大切です。事実に関しては、立

場が違う人でも必ず一致させることができるはずです。

たとえば面会の約束をしていた相手から、突然キャンセルの連絡があった。理由は「今朝、娘が熱を出した。もしかしたら新型コロナに感染したかもしれない。移してはいけないから」。ここまでが事実です。

その連絡を受けて「自分に気を使ってくれたのか」と素直に受け止めるか、「こういう形で嫌な仕事から逃げる手もあるのか」と疑うか、が認識です。相手がどう認識するかを、縛ることはできません。

評価は、日頃の行状によって決まります。いままでの信頼関係があれば「そういう事情なら、次の機会を設けよう」と思ってくれるし、なければそれで終わりかもしれません。事実と認識と評価は、別カテゴリーなのです。

これは法廷審理のやり方と同じです。証拠と証人で事実を調べ、検察と弁護人はそれぞれの認識を述べる。最終的に、裁判官が評価するわけです。どんな認識や評価をするのかは人によって異なってきますが、**もし事実の部分が誤っていたり、意図的に捻じ曲げようとしてくるなら、その人の話自体が危ないと思っていいでしょう。**

◎細部の綻びを見逃してはならない

偽りの情報を判別する方法として、細部の綻びを見抜く手もあります。綿矢りささんの短編小説『You can keep it.』（「これあげる」くらいの意味）は、そんな場面をわかりやすく描いています。

大学生の城島は、ちょっとした虚栄心から、クラスメートの女子学生にインドへ行ったと嘘をついてしまいます。この小さな嘘が、たちまち彼を窮地へ追い込むのです。

「現地の物売りとケンカなんて、危なくない？」綾香の友達が心配している。

「うーん、そうかもしれない。でも現地の人とのふれあいこそ旅の醍醐味だから……ね、城島もなんか売りつけられそうになったことがあったんじゃないの」

「ああ。でも口論なんてできなかった、ナマステしかインドの言葉は知らないから」

「そんなの必要ないでしょ」

「まあ確かに身振り手振りで伝わるけれど」

「何言ってるの城島、物売りの人たちも私たち外国人には英語で話しかけるでしょ。よっぽど宿にこもりっきりだったんだね。どこに泊まっていたの？」

インドっぽい言葉を思い出せばいい。それに「ホテル」とつければいい、マハラジャとかカルカッタとか、しかし頭に雲がかかったようになり、

「……思い出せないな。カレーの美味しい宿だった」

「そう？　じゃ、なんのインドカレーが好き？　私マトンカレー」

「おれビーフカレー」綾香の表情が固まる。

「と言ってもルーが真っ黄色のやつ」城島はフォローを入れたが綾香の表情は変わらない。

「ねえ城島はインドでは神聖な牛を食べちゃったの？」綾香の友達の無邪気な声に城島の身体が不自然に揺れた。

冗談に決まってるでしょと綾香は笑い飛ばしたが、ふと真剣な顔になった。

「インドの空港、どこ使った？　日本からの直航便だと二つあるんだけど」

みるみる厳しい表情になっている。駐車違反とか取り締まる婦人警官のようだ、警帽がきっとよく似合う。

「……ニューデリー空港」

「よく思い出してみて。ちょっと違うでしょ」

「……ヨガ空港」

全員が押し黙った。

（『インストール』河出文庫・164ページ〜）

もっともプロのスパイなら、こんな失敗は絶対にしません。徹底した調査に基づいて、「偽の履歴」を作り上げるからです。ちなみに「偽の履歴」のことをCIA（アメリカ中央情報局）やモサド（イスラエル諜報特務庁）では「カバー・ストーリー（偽装の物語）」、SVR（ロシア対外諜報庁）では「レゲンダ（伝説）」と呼びます。

朝鮮半島某国のスパイが、私と知り合う機会を狙って偽装を行なう事例を想定してみましょう。

彼は、何かのパーティー会場で、偶然を装って話しかけてきます。

「佐藤さん、埼玉のご出身でしたよね。小学校、中学校はどちらですか」

「今は合併で埼玉県さいたま市になっていますが、当時は大宮市の大砂土小学校、植竹中学校です」

そう答えると、相手はすかさず、

「これは奇遇だ。私も大砂土小学校、植竹中学校です。5年後輩になりますね」

続けてするすると、何人かの教師の名をあげます。5年も離れていれば生徒で共通の知り合いはまずいないので、教師の名前をあげるのが無難です。卒業アルバムを入手して精査すれば、同時期に重なっている教師を絞り込むのはたやすいことです。

こんなふうにアプローチしてくる未知の人物がいたら、私はさりげなく以下の質問をするでしょう。

「大宮駅までバスだから、不便でしたね。停留所は、どこを使っていましたか」

「盆栽踏切か、中央病院前です」

そのくらい、敵も調査済みです。そこで、

「あの大35ルートのバス、中山道が渋滞するから、大宮駅に出るのにひどく時間がかかりましたよね。反対路線に乗って、高崎線の宮原駅に出たほうが早かった」

ここで「そうですね」と頷いたら、その人物は信用できません。バスの本当のルート名は「大42」で、当時の大宮駅発は宮原メディカルセンター止まり。宮原駅へ行くためには、そこから1km強を歩かなくてはならなかったからです。

バスで宮原駅まで行けなかったので不便だという記憶を、この路線バスを使っていた人なら誰でも持っています。しかし**不十分な「偽の履歴」しか持たない人には、体験と記憶がありません。こういう細部の綻びを見逃さないのが、インテリジェンスのプロの手腕です。**

◎正しい情報は「人」が持っている

では、正しい情報を積極的に取りに行くためには、どうすればいいいか。ロシアとアメリカの情報機関が用いる手法の違いに、そのヒントがあります。

アメリカの映画監督オリバー・ストーンは、ロシアのプーチン大統領との対談本『オリバー・ストーン オン プーチン』を刊行しています。その中でプーチンが、こう語っています。

「アメリカ国家安全保障局のようにビッグデータを集めて監視するよりも、ロシアでは危険な人間を情報機関が見つけ出し、徹底して監視することが未然に危機を防ぐ最大の方策であり、それをするかしないかは各国情報機関の文化と価値観の違いだ」

アメリカは伝統的に通信傍受、衛星画像の解析などから極秘情報を集めるのに対し、ロシアは情報を持っていて信頼できる人間を摑んで話を聞き出す、ヒュミント（ヒューマンインテリジェンス）という技法を使うのです。私は外務省時代、ロシアのエリツィン大統領が死去したという情報の真偽を、ヒューマンインテリジェンスによって確認したことがあります。

ある日の明け方、内閣官房副長官だった鈴木宗男さんに電話で叩き起こされました。

「今、アメリカから官邸に極秘電報で、エリツィンが死亡もしくは再起不能の状態になっているという情報が入ってきた。時差の関係で、日本が一番に反応しないといけない。小渕総理の対応を決めるために、すぐに正確な情報を集めてくれ」

事態がかなり深刻だとわかって、モスクワの2つの情報源に電話をかけました。1人は、当時の第一副首相です。2人とも「そんな話は知らないが、わかった。調べてみる」と言ってくれました。やがて電話がかかってきて、健在だという答えでした。

「モスクワ時間の午前11時に、ブルガリアの大統領と会談する。テレビの前に出て来て国際社会に姿を見せるから、大丈夫だ」

極秘電報の情報は間違いだとわかり、アメリカ政府も国務省も大恥をかきました。

問題はそこで終わりません。アメリカが根拠もなく、同盟国の日本にそのような情報を伝えてくるはずはない。では何が起きていたのか。2カ月くらいたってから私は、イスラエルのテルアビブまで調査に行きました。すると、ロシア情勢に非常に詳しい人物が、こう教えてくれました。

「おそらくアメリカの盗聴で、エリツィンの自宅に今までなかったような動きがあったんだ。それによって、死亡もしくは再起不能という判断をしたと思われる」

そこでモスクワへ行きました。エリツィン家に出入りしている人の周辺を嗅ぎ回ると、問題の日に現場にいた人から話を聞くことができました。

真相はこうでした。エリツィンが酒（ウオトカ）を飲み過ぎて「僕はもう大統領にとどまれない」と泣き出し、パニック状態になってしまった。次女で側近のタチアナ・ディアチェンコと秘書官は、あちこちに電話して相談した。結局、エリツィンが非常に信頼している女性を呼び寄せ、その人が宥《なだ》めてようやく落ち着いた、という顛末です。

かつてない騒ぎがエリツィン家で起き、とても親しい女性が急遽呼ばれたため、「死亡、もしくはそれに準じる事態が生じたに違いない」という評価に結びついたわけです。**盗聴などの技術がどんなに高度に発達しても、最後は人間から話を直接聞かないと、真実はわからないのです。**

インテリジェンスの究極の目的は、戦争に負けないことです。特にイスラエルや北朝鮮のような小国では、情勢判断を間違えると、国自体が滅んでしまうリスクがあります。死活的利益だからこそ、情報に対する研ぎ澄まされ方が違います。その点、軍事力でも経済力でも他国を圧倒しているアメリカは、ミスが多いのです。プーチンが言うところのアメリカ的な「文化と価値観」、言い換えれば現実の対人関係を軽視する方法論には、少なからず落とし穴があることに気づきます。

日本はインテリジェンスが弱いと言われますが、実は様々な分析を行なっています。たとえばラヂオプレスという一般財団法人が、北朝鮮のテレビとラジオ放送をずっと傍受しています。太平洋戦争開戦直前に創設された、外務省ラヂオ室が前身です。公開情報を長年蓄積し、要人がどのような経歴を持ち、政策がどう変遷しているか、分析を重ねた結果、日本政府は北朝鮮の内情をかなり正確に摑んでいます。インテリジェンス能力は、国力と著しく乖離することはないと言えます。

こうしたデータはビッグデータと異なり、人間の手が入った情報を基盤としています。AIなどに代替されない人間的なスキルや瞬間的な判断が求められることは、今後も変わりません。人間は情報の蓄積や分析能力ではコンピュータに劣りますが、総合力で人間を超える存在はないのです。

◎ニコニコしながら近づいてくる「焼き畑型」人間

信頼できる情報は、最終的にヒューマンインテリジェンスです。そのためにも、相手がどのような人間なのか見極める必要があるわけです。

たとえば、「焼き畑型」と特徴付けられる人間がいます。ビジネスの世界では、時折見かけるタイプです。非常に愛想がよく、すぐに近しい存在になれます。しかし**この人**

たちは、他人からテイク・アンド・テイクすることしか考えていません。ほしいものをテイクし尽くした時点で相手に対する関心が消え、別の場所へ愛想よく移っていきます。

焼き畑型でビジネスをやっていると、人間関係も焼き畑になります。共同作業者は必要ですが、友達は不要です。したがって、この人たちの利益分配は独特の方法です。1回のオペレーションごとに、「今回の儲けはこれこれだから、おまえの取り分はこれ。みんな文句はないな」で終わり。貸し借りを作らないのは、ロシアのマフィアが行なうビジネスと同じやり方です。

外資に買収された日本企業へ落下傘式にやって来る外国人幹部も、これに似ています。日本の会社に長く在籍する気がないため、「旅の恥はかき捨て」とばかり傍若無人に振る舞うことが少なくありません。日本の企業には、ポストが上がっていくにつれ、下品な振る舞いを避けようとする組織文化があるものです。しかし一部の外国人幹部には、そんな価値観が通じません。

相手が発信する情報に正確な裏付けがあるか、その細部に綻びがないか。また、相手がどのような価値観を持っているかを確かめなければ、提案される内容が将来性のあるイノベーションなのか、正当な利益をもたらすのか、見抜くことはできません。信用できない相手の話にうっかり乗れば、どんな結果が待っているかわからないのです。

極意3

表情・服装・持ち物・口癖で人物を見分ける

◎本心は目に表れる

信用できる相手かどうか、見た目や口癖からもある程度見分けることができます。

これからますます重要になるのが「目」です。2020(令和2)年の夏は、街でサングラスをしている人をあまり見かけませんでした。新型コロナウイルスのせいです。マスクの上にサングラスをかけていたら表情がまったくわかりませんから、不審に思われ、用心されるからだと思います。表情を読ませまいとしている人だと、警戒されます。そのため真夏の日差しが眩しくても、サングラスの着用をためらう人が多かったのだと思います。

コロナは、対面コミュニケーションの形を変えました。今後は、相手の目を読み取る力が重要になります。以前は表情から感情や意思を読み取っていましたが、誰もがマスクをしているせいで、読みにくくなったためです。視線を逸らしたり、おどおど動かしたりするのは怪しいし、逆に極端に見つめてくるのもおかしい。相手のちょっとしたまなざしに何か変だなと感じたときは、立ち止まって考えることです。

相手も同じように、こちらの目を見ています。疑念や不信感を抱いていたり尊敬できないと感じると、無意識に目に出るからです。頬や口元のコントロールはたやすくできますが、目はごまかせません。嫌な人間だなと思ってもニコニコ笑っていることはできますが、目が笑っていないと、心中を見抜かれます。感情や意思をそのまま目に出さないように、鏡に向かって訓練する必要があります。「目を読む力」と同時に、「目で発信する力」も問われるのです。

服装や持ち物で人を見るポイントは、バランスです。どことなくアンバランスな人は怖い。たとえば、ユニクロのトレーナーを着ているけれども時計はロレックスとか、ブランドもののスーツを着こなしてるのに、名刺が財布から出てくるとか。

時計だけに、異常なこだわりがあるのか。専用の名刺入れを買わないのは、会社でそうしたマナーの教育を受けていないのか。あるいは、新人の頃に教えられたことを聞かなかったのか。**見た目がアンバランスな人は、アンバランスな考え方の持ち主であることが多いものです。**

口癖で言えば、「絶対」が多い人は危ない。話に自信と裏付けがない証拠です。「そんなことは、120%ありません」と断言するのも怪しい。通常の百分率でないのなら、分母が不明だからです。

また、日常的に本心を隠そうとしたり、暗に警告を発するような言い方をする人にも注意が必要です。たとえば、人にあてこするときの常套句で、「一般論として」があります。「一般論として言うけれども、顧客と会うときは上司に一言言っといたほうがいいんじゃないかな」というセリフは、一般論ではなく、あなたの具体的な仕事に対する文句です。「あまり」にも、気を付けたほうがいいです。何か不手際が起きた際に、「私は気にしていません」と言われるのと、「私はあまり気にしていません」と言われるのでは、意味がまったく違います。前者は「気にしていない」けれど、後者は少し「気にしている」わけです。このような言い方をする場合、かなり気にしていることが多い。

「あまり」や「どちらかと言えば」といった、ものごとを和らげるニュアンスの言葉は、デジタル思考を用いて事柄の本質をイエスかノーかに還元したほうがいいでしょう。「いまのところ」「とりあえず」など、留保条件がつく言葉をよく発する場合も要注意です。

比較級やスライド話法も危険です。「Aさんはいい人。Bさんはとてもいい人」というとき、Aさんはよくない人という意味の場合があります。以前のお寿司屋さんは、上、中、並の3つのランクがあったのに、最近は並を嫌うせいで特上、上、中になり、並のランクがないお店が増えてきたようなものです。

「調子はどう？」と訊かれて、「良い」「悪い」ではなく「普通」と答える人は、何も答えていないのと同じ。「普通」とはどういう状態なのか相手にはわからないので、本心を隠そうとしているわけです。

このように、相手の言動や見た目をよく観察していれば信用できるかどうか、だいたいは見抜けます。**ところが息を吸ったり吐いたりするように、平気で嘘をつく人間もいます。先天的な才能であり、天性の詐欺師と言える人物ですから、見た目にはわかりません。**ただしカリスマセールスマンや宗教家には、紙一重の人がいます。

こういう人たちには決して勝てません。私も騙されることがあります。付き合ったら負けですから、痛い目に遭ったと気づいたら、早く逃げることです。

極意4

常識に騙されない

◎政府首脳ですら騙される

どうして人は、デマや嘘を信じてしまうのでしょうか。主な原因として、①知識不足、②話者の権威に対する過度の信頼、③周囲の人間の深層心理を操作する人間の存在、④おかしいと感じても、声をあげられなくなってしまう空気、などが挙げられます。

政府首脳や東大卒のエリート、理系の最高の頭脳といわれる理化学研究所（理研）の専門家ですら、たやすく騙されてしまうことがあるのです。

たとえば国会で行なわれた、弾道ミサイルに猛毒のサリンを搭載できるかどうか、という議論です。安倍晋三首相（当時）は、2017（平成29）年4月13日の参議院外交防衛委員会で、北朝鮮の弾道ミサイル技術に関連して「サリンを弾頭につけて着弾させる能力を、すでに保有している可能性がある」と述べ、「新たな段階の脅威」だと語りました。

高校レベルの化学と物理の知識があれば、これはありえない話だとわかるはずです。なぜなら、化学物質のサリンは熱に弱い。弾道ミサイルは大気との摩擦によって、数百度から1000度を超える高熱になります。したがって、かりに弾頭にサリンを装填したとしても、熱によって無毒化されてしまいます。この「可能性」には、技術的な隘路があるのです。

ところが安倍首相の発言を受けて、野党の議員が「サリン搭載の弾道ミサイルを迎撃して破壊した場合、運搬されてきたサリンは我が国の領土に拡散されるのか」という質問主意書を提出しました。

内閣が「弾頭の種類、迎撃高度、気象条件など様々な条件により異なることから、一概に申し上げることは困難」と前置きした上で、「弾道ミサイルの破壊時の熱等により、無力化される可能性が高く、仮にその効力が残ったとしても、落下過程で拡散し、所定の効果を発揮することは困難であると考えられる」とする答弁書を閣議決定したのは、同月28日でした。

私は大変驚きました。選ばれたエリートであるはずの日本政府の首脳や国会議員が、サリンを載せた北朝鮮のミサイルが日本に着弾したら甚大な被害を受けると想定し、2週間も時間をかけて大真面目に議論していたのです。

日本が何かにつけ自信を持てずにいるのは、騙される原因として挙げたうち①の「知識不足」という要素が大きいと思います。そして、文理融合の重要性を痛感します。政治家や官僚は文系出身者が大多数を占めていて、理科的な知識の不足が明らかだからです。

私は、官房長官の定例会見に科学部に所属する新聞記者が出席して、具体的に質問するべきだったと思います。

「迎撃して破壊する以前に、化学物質であるサリンは弾頭の熱で無害化されているはずです。それとも日本政府としては、北朝鮮が耐熱性のサリンを発明したと考えているのでしょうか。もしくは魔法瓶のように、熱が遮断される新型弾頭が開発されたと考えているのでしょうか。そうであれば大変な脅威になるので、政府の認識をお尋ねしたい」

このように丁寧に、知識の欠如を侮辱しないように、聞けばいいのです。

ところが朝日新聞には、「サリンを積んだミサイルに備えて、関西でシェルターの需要が増えている」という記事が載っていました。ということは朝日には、記事の前提を疑う記者やデスクはいなかったのか。科学部の記者の知らないところで、社会部が手がけた記事だったのでしょうか。

弾道ミサイルに化学物質を搭載するという根拠不明の話が政界に広まり、一国の宰相が「脅威」だと認めてしまう理由を、国際社会に対して説明できません。こんな異常な議論が起こるはずないので、「なぜ、そのようなプロパガンダが展開されているのか」と、裏の事情を勘ぐられてしまうのです。

「いや、実は理科系の基本的な知識がなくて、偉い人は誰もよくわかっていないんです」と答えても、「国の指導者たちに限って、そんな無知はありえない」と信じてもらえません。こういう出来事が起きたこと自体が恥ずかしい。

文系の人間といえども、化学や物理の基礎的な知識をもって、理屈に合った論理的な判断ができなければいけません。そうでないと、似非科学的なプロパガンダに騙されてしまいかねないのです。大学教育において、文理の基本的な学識を改めてチェックする必要があるでしょう。事実と認識と評価をきちんと分けて考えられる、冷静な目を養うことが大切です。

◎不可解なメッセージはこうしてできあがった

2017年の8月と9月に北朝鮮の弾道ミサイルが日本の上空を通過し、政府はJアラート（全国瞬時警報システム）を使って、国民に緊急情報を伝達しました。具体的には、ミサイルの発射情報や通過情報を、針路に当たる北海道や東北地方の防災行政無線や住民の携帯電話への緊急速報メールで知らせたのです。

内閣官房は、「国民保護ポータルサイト」の中で、弾道ミサイル落下時の行動について、具体的に解説しています。Jアラートが〈直ちに建物の中、又は地下に避難してください。ミサイルが、〇時〇分頃、〇〇県周辺に落下するものとみられます〉などのメッセージを流したら、屋外にいる場合は〈近くの建物の中か地下に避難〉、建物がない場合は〈物陰に身を隠すか、地面に伏せて頭部を守る〉、屋内にいる場合は〈窓から離れるか、窓のない部屋に移動する〉としています。また、近くにミサイルが落下したら、屋外にいる場合は、〈口と鼻をハンカチで覆い、現場から直ちに離れ、密閉性の高い屋内または風上へ避難する〉、屋内にいる場合は、〈換気扇を止め、窓を閉め、目張りをして室内を密閉する〉としています。

しかし総務省の官僚から本音を聞くと、Jアラートの実効性には懐疑的です。「核ミサイルだった場合、ミサイルの着弾点がわからないのに、どこへ逃げて身を守ればいいんだ」というわけです。

確かに内閣官房は、「武力攻撃やテロなどから身を守るために」という冊子の中で、弾道ミサイルによる攻撃については、〈発射前に着弾地域を特定することが極めて困難であり、短時間での着弾が予想されます。弾頭の種類を着弾前に特定するのが困難であり、弾頭の種類に応じて、被害の様相や対応が大きく異なります〉と説明しています。

私は、「自分がJアラートを設計しました」という人から話を聞いたことがあります。

「核ミサイルなど想定していません。通常のミサイルが飛んできたときにガラスが飛び散ると危ないから、家の中の奥のほうにいてくださいというだけです。災害の延長の警報です」

そこで私は尋ねました。

「ではなぜ、窓に日張りをしろと言っているのでしょうか。明らかに、化学兵器対策ではないですすか」

「確かにそうなんですけども、イスラエルのシステムをそのまま輸入してきたので」

という説明でした。

「イスラエルは、イスラム原理主義過激派のハマスなどから、しばしば攻撃を受けています。近距離のロケット砲なら化学兵器の搭載がありえますし、ナチスによるガス室の記憶も残っているので、化学兵器に対する世論は非常にセンシティブです。そういうイスラエルのシステムを持って来たので、このような運用になっているのです」

核ミサイルや化学兵器など、当初の設計に含まれない文脈を広げられたことに、彼はむしろ驚いている様子でした。Jアラートの設計者が異常な想定をしていなかったと知って、私はほっとしました。

◎権威に対する信頼が目を曇らせる

組織において優れた業績を上げ、周囲から評価される人間は、意識せずとも「権威による説得力」を漂わせるようになります。問題はそれが、合理性と関係のない場面においても、意外と客観的に見えてしまうことです。結果として、鵜呑みにしてしまった常識に騙されるのが、②のパターンです。

1980年代に私がモスクワの日本大使館に勤めていた頃、館内は常に盗聴されていましたから、特別会議室という秘密の部屋がありました。その部屋には、人が入れる透明なアクリルの箱があって、完全に遮音されていました。「外部からは盗聴できない。唯一安心して話せるのは、この中だけだ」と、上司から言われました。密談は、会議室に大音量で雑音を流しながら、この箱の中に入って行なう決まりでした。

ところが、その箱の中にラジオを持ち込んでみると、聞こえるのです。私は小学校時代にアマチュア無線の免許を取っていましたから、上司に「この会議室は電磁的に遮蔽されていないので、安心できません」と指摘しました。

すると「本省の専門家が造ったものを、研修生の分際で何を言うか」と、ものすごく怒られました。そのときは黙っていましたが、私は今も、あの部屋には盗聴器が仕掛けられていたと確信しています。当時の上司たちは、ほとんど東大卒でした。電磁的な遮蔽に対する基本概念を、高校の物理レベルで学んでいたはずです。しかし、活かされていなかった。本省の専門家たちが制度設計したという「権威に対する信頼」があったからです。

◎深層心理を操作する「錬金術師」

２０１４年、ＳＴＡＰ細胞事件が起こりました。日本の最高の頭脳を集めている理研のような組織が、「新しい万能細胞であるＳＴＡＰ細胞の発見に成功した」という論文発表を許してしまったのです。

なぜあの事件が起こったかについて、私は一つの仮説を持っています。それは、「小保方晴子さんが錬金術師だった」ということです。

錬金術と聞けば、誰でもナンセンスだと思うでしょう。金でないものが金に変わるはずないのは、常識だからです。ところが中世の文献を見ていると、錬金術が成功したという例はいくらでもあります。あのニュートンでさえ錬金術を信じて、死ぬまで研究していたのです。

19世紀末のスイスの心理学者カール・ユングが、『心理学と錬金術』という本を書いています。それによると、「今までの錬金術の分析は間違っている。非金属が金に変わるところに注目しているけれども、錬金術とは人間の深層心理を錬金術師が操作して支配することだ」と言うのです。すなわち、錬金術師が「金ができた」と言い、研究室にいる人全員に「そうだ」と信じさせる心理操作に成功したとき、錬金術は成功する。これが、騙される理由の③です。

理研の研究室という閉ざされた空間で、最先端の技術を使った実験が行なわれ、外部の人には判定ができない。そんな状況で、オレンジジュースのような液体に浸けるだけで万能細胞ができたというまったくナンセンスな話を、専門家である理研の上層部も信じてしまった。

このことを我々のように神学を研究している人間から見ると、錬金術はまだ健在だったのだという認識になります。**心理操作の技法をもって周囲の磁場を変化させる人間が登場すれば、同じような事件はいくらでも起こるように思えます。**

「トップは下から上がってくるデータが客観的だと信じても、実際にはそうではないケースが多い」と、慶應義塾大学商学部の菊澤研宗教授も指摘しています。菊澤教授は、企業組織をめぐる様々な不条理現象を研究している経営学者で、『組織の不条理――日本軍の失敗に学ぶ』や『改革の不条理――日本の組織ではなぜ改悪がはびこるのか』などの著書があります。

菊澤教授はさらに、「方向性がおかしいと気付く人たちがいたとしても、みな反対すると損をするので、やましい沈黙、つまり『今さら変えられない』という空気が発生し、それを読み取ります。こうして、プロジェクトは変更されることなく進行してしまうことがしばしばあります。損をしてでも、これは正しくないと価値判断できるか。たいていの人は責任を取りたくないので、損得計算にしたがって合理的に不正を行うことになるのです」と語ります。騙される原因④として挙げた「おかしいと感じても、声をあげられなくなってしまう空気」というのは、このことです。

極意5

自分に騙されない

◎合理的に判断したのに、大失敗する理由

他人に騙されたり、世の中の常識や思い込みに騙されるほかに、自分自身が持っている認識や合理性によって、自ら陥ってしまう罠もあります。

慶應義塾大学商学部の菊澤研宗教授が書いた『組織の不条理——日本軍の失敗に学ぶ』を読むと、世界の見え方が変わります。この本より先に出た『失敗の本質——日本軍の組織論的研究』は、防衛大学校（以下、防大）の教授陣が中心となって書かれていて、同じように大東亜戦争における日本軍の失敗をテーマに扱っています。

両者を読み比べると、切り口の違いがわかります。『失敗の本質』では、当時の日本軍が非合理的だったという立場に立つのに対し、菊澤教授は、当時の日本軍はできうる限り合理的に行動し、結果として失敗した。そこに不条理がある、という新しい視点から分析しているからです。

菊澤教授も、以前に防大の教授を務めていました。『組織の不条理——日本軍の失敗に学ぶ』は、その当時の著書です。

菊澤　この本は約18年前、私が防大の教授になりたてのころに書いた本です。私は経営学を専攻していますが、赴任当時の防大では経営学は民間の学問ということで敬遠されていました。そのため、私は経営学も意外に役に立つということを証明しなければならないと思い、すでに出版されていた『失敗の本質』を意識しつつ書いた本が『組織の不条理』なのです。『失敗の本質』は組織論の立場に立ち、大東亜戦争における日本軍の失敗の事例を分析します。そして、日露戦争以後に形成された白兵突撃・艦隊決戦・短期決戦志向という枠組みのもとで、制度や技術や兵器が相互に補完的に強化されすぎたために、大東亜戦争という新しい環境に直面したときに、日本軍は枠組みを変革できずに失敗したという結論に至ります。

『失敗の本質』は、私自身も納得する点の多い名著なのですが、基本的なスタンスとしては、合理的なアメリカ軍組織に対して非合理な日本軍組織という構図があって、日本軍の組織はより合理的であるべきだったという流れになっています。

しかし私は日本軍も合理的だったと考えます。私の本のタイトルにもある「不条理」とは、人間の合理性こそが人間を失敗に導くということです。つまり、大東亜戦争での日本軍の失敗は、非合理だったから起きたのではなく、むしろ、合理的に行動したからこそ、失敗に導かれたということです。では、なぜ不条理が発生するのか。それは人間が限られた情報の中で判断するしかないからです。このことを「限定合理性」と呼びます。

そして、人間が限定合理的であれば、相手の情報の不備につけこんで、利己的利益を追求しようとする機会主義的な人が現れます。

その結果、知らない人間同士で交渉・取引をすると、騙されないように駆け引きが起こり、多大な時間や労力という会計には表れない「取引コスト」が発生します。この人間関係上の取引コストを考慮すると、たとえ現状が非効率だったり不正な状態だったりしても変革するには多大な取引コストが発生するので、非効率で不正な現状を維持隠蔽したほうが合理的という不条理が生まれるのです。

菊澤教授の言う限定合理性とは、人はあらゆる情報を手にすることはできないため、限られた情報の中で正しいと信じられる判断を合理的に行なうものだ、という考え方です。合理的であろうとしても、限られた合理性しか持ちえない。そのことに気づかないために、不条理が生じます。

限定合理性という観点から見ると、人間や組織の行為は、まったく違う姿になります。

『組織の不条理』が良い本だと思うのは、「限定合理性」という補助線を引くことで、旧日本軍の失敗を元にして、現代のビジネスの失敗事例の本質が読み解けることです。

菊澤　日本企業はバブル崩壊以後、アメリカ化、すなわち、科学的な経済合理主義をずっと進めてきました。この経済合理主義は徹底した損得計算で成り立っています。不完全で限定合理的な人間は、何をするにしても必ずコストを伴いますので、経済合理的に損得計算ばかりしていると、いつかどこかで必ず不条理が生じるのです。

例えば、原発をめぐって安全性を高めることは正しいことですが、そうするには多くの設備の導入が必要となり、コストがかかるので、初めから安全性をめぐって手抜きをすることが経済合理的となります。イノベーションも、失敗したときに想定されるコストが高いので、挑戦しないほうが合理的となります。経済合理性は、必ずそんな不条理を生むものなのです。

合理性を追求した先に不条理があり、企業に大きなマイナスをもたらすリスクがあるという図式に、気づかなければいけません。菊澤教授は、シャープの液晶ビジネス、パナソニックのプラズマテレビ、アメリカのコダックのフィルムビジネスへのこだわりを、限定合理性による不条理がもたらした失敗例として挙げています。

◎限られた情報の中で正しい選択をするには

菊澤教授は、本居宣長に関心をもった批評家の小林秀雄が晩年に繰り返し述べている「大和心《やまとごころ》」をもとに、マネジメントのあり方を論じます。

菊澤　そこに、不条理回避のヒントがあるのではないかと思っています。昔は、最新の科学的知識が中国から入ってきたため、科学的知識のことを「漢心《からごころ》」と言い、その反対語が「大和心」でした。それは、非科学的な価値判断に関わることであり、ある状況を見たときに、良いか悪いか、もし悪いとすれば、何をすべきか。ある人が悲しんでいる。それを無視することは良いかどうか。良くないなら、何をすべきか。まさにこれは人間としての誠実さ、真摯さに関わることであり、これを非科学的だと恐れるべきではないと小林秀雄は言っています。

ここで言う「大和心」は、言い換えれば「真心」のことです。業績や成果が高いかどうかという「見える」科学的観点から従業員を評価するだけでなく、従業員が誠実かどうか、正しい行動を行なおうとしているかどうかといった「見えない」倫理的観点にも注意し、誠実な従業員を高く評価するマネジメントの尺度として解釈できます。

私が外交官時代、尊敬していた上司に、欧亜局長を務めた東郷和彦さんがいます。祖父は東郷茂徳・元外相、父は東郷文彦・元外務事務次官です。その東郷和彦さんは、お父様から問われたことがあるそうです。

「世の中には、4通りの外交官がいる。能力が高くて、士気も高い外交官。能力が高くて、士気の低い外交官。能力が低くて、士気の高い外交官。能力が低くて、士気も低い外交官。そのうちのどれが一番悪いと思うか」

「能力が低くて、士気も低い外交官だ」

東郷さんが答えると、お父様は言ったそうです。

「そうではない。能力が低くて士気も低い者は何もしないから、邪魔にはならない。むしろ、能力が低くて士気の高いのが一番悪い」

その話を聞いたときは反発したそうですが、自ら仕事を重ねるうちに、お父様の言葉の正しさがわかってきたと語ってくれました。

東郷さんのお父様は「能力」と「士気」を二項対立として立てたわけですが、「能力」と「忠誠心」で立てれば、一番危険なのは「能力が高くて、忠誠心の低い人」です。

菊澤　まさに企業も一緒でしょう。例えば、ビジネスでカネ儲けするのは非常にうまいけれど、不正をするかもしれないという部下は一番危険な人物です。利己的利益を追求する人たちばかりが増えると、いつかどこかで、組織は正しいことを無視して効率性だけを追求する不条理に陥ってしまうでしょう。

誠実な人をいかに見抜いて評価するかが、組織にとって重要だと言えます。能力の高さこそ買うべき、という一見合理的な認識に囚われると、思いがけない不条理に陥ってしまうのです。

◎客観的でも公平でもないＡＩの判断に従ってしまう

国立情報学研究所の新井紀子教授の著書『ＡＩ vs. 教科書が読めない子どもたち』は、ベストセラーになりました。新井教授は数学者ですが、ＡＩに大学入試の過去問を学習させて東大合格に挑戦するというプロジェクトを通して、ＡＩは何を得意とし、何を苦手とするのかを研究し、結果をこの本にまとめたのです。

読むと、ＡＩが万能ではないことが理解できます。ＡＩは計算と暗記は得意ですが、読解力が低いので、大学入試の得点には限界があります。「私大のMARCH（明治大学・青山学院大学・立教大学・中央大学・法政大学）なら合格できるが、現在の技術の延長だと東大は無理」と導き出された結論は、納得できるものでした。

新井教授は、**AIが便利で明るい未来を築くという楽観論に釘を刺し、AIに依存して自分の頭で考えられない世代の登場が問題になると指摘します。**

新井　これからAI時代が本格的に到来する中、生まれたときからAIの判断と推薦によって生きることになる世代を、私は「デジタルネイティブ」ではなく「AIネイティブ」と名づけています。

例えば、YouTubeで電車の動画を見ていると、次はこれを見たらいいとどんどん推薦してきますね。子どもは自分から何かを探すわけではなく、AIに推薦されたことに無意識に従って生きていく。そんな子どもたちがこれから育ってくるのです。

AIネイティブの子どもたちが育つとき、自分が本当に何をしたいのか。自分で切実に欲求する前に、与えられたものだけを消費してしまうことになる。そうやって育った子どもたちが将来的にクリエイティビティを発揮し、生産者として必要な真実の判断ができるのか。私は難しいように思うのです。

ＡＩは、お金を持っている人たちが制御しやすいツールです。どのように正解データをつくるかで、ＡＩの動き方は決まってくる。それを客観的で公平なものだと思っていると、本当に不利になります。

新井教授の未来予測は、非常に頷けるものです。その流れの先を言えば、ＡＩは統治者にとって非常に有利なツールになるでしょう。ＡＩ時代は素晴らしいと宣伝し、統治される側に疑いを抱かせることなく、浸透させていけばいいのです。

現在でも、新聞を読まない人たち、つまり、ＳＮＳの一方的な情報に依存する度合いが強い人たちほど、現政権を支持する傾向が高くなっています。**ＡＩに慣らされた世代が世の中の主流を占めれば、成立しえない非論理を論理的だと信じてしまった時代が再来しかねません。**

私は、教えている神学部の学生たちにある日本映画を見せて、感想を尋ねました。1944（昭和19）年12月に公開された『雷撃隊出動』という国策映画です。太平洋戦争開戦3周年を記念して作られたのですが、とうに敗色濃厚の時期でした。

登場人物の海軍兵士は、アメリカ軍の捕虜から話を聞いて、こう嘆きます。

「あいつらは、飛行機も軍艦も兵器も兵も良い、大なるものが小なるものに劣ることは成り立たないというんだ。そしてまた、質も優れている、新兵器もいろいろある。そんなアメリカが、絶対に負ける道理はないというんだ」。すると、仲間が言います。
「こっちが1人死ぬとき、あいつらを10人殺せばいいんだ。それ以外に、この戦争に勝つ道はない」

確かにそうだと納得し、最後は雷撃機を駆って敵機動部隊に次々と体当たりしていくところで映画は終わります。今日の我々から見れば、負け戦を前提とした結末です。
「これがなぜ戦意高揚映画になるのか。そこを考えてください」というのが、私から学生への課題です。すると、ある優秀な学生が指摘しました。
「先生、これは死の美学ですね」。いかにきれいに負けるかを描くことは、玉砕の論理に適っているというのです。合理的に考えれば絶対に勝てないけれど、気合とか精神力といった主観的な願望によって、客観情勢を変えることができるはずだ。精神の力を極大にすれば絶対に勝つ、という無茶な論法です。

この映画を見た昭和19年の日本人は、「1人が10人を殺さなければ勝てないのか」と落胆するのではなく、「1人が10人を殺せば勝てる」とこぶしを握り締めた。完全に非論理的な結論を、論理的だと信じたわけです。

戦時中だったから、という理由があれば、わからなくもありません。しかしいま、同じような不条理が、社会のあちらこちらに忍び込んでいる感じがします。

新井　東京オリンピックの延期が決まる前ですが、考えさせられるニュースがありましたね。2020年8月が猛暑になったら東京で開催予定だったマラソンをどうするかという話で、対策として、打ち水とかよしずといった日本のコンテンツでおもてなしをするというんです。

その前に考えるべきなのは、40℃近い猛暑の中でマラソンランナーを走らせることが適切なのかどうかでしょう。国際基準に照らし合わせば、不適切となってしまうはずです。猛暑だったらマラソンを中止するというのは、死者を出さないためにも正しい判断だと思うのです。結果としては、IOCが札幌への変更を決めたわけですけれども。何事においてもグローバルに展開をするときに、精神論というものは、もう成立しないんです。

8月の東京でオリンピックを行なうことが生命より優先される価値だと捉えれば、打ち水やよしずは真面目な議題になりえます。こういった非論理はおかしいと、我々は自ら気づかなければならないのです。

新井　もし人間がＡＩっぽくなれば、ＡＩに必ず負けます。ＡＩが得意とする計算や暗記では、人間に勝ち目はないからです。

ＡＩにできることは基本的には四則演算（より正確には、加法と乗法）で、意味を理解できないという弱点があります。オックスフォード大学の研究チームが発表した10〜20年後に残る仕事、なくなる仕事のリストを見ると、仕事がマニュアル化されやすいものがＡＩによって代替されやすく、コミュニケーション能力や理解力を求められる仕事が残りそうです。

つまり、読解力こそがＡＩに代替されない能力なのです。

我々は、物事の読解力をきちんと身につけないといけません。ですから私は、戦時中の映画を学生たちに見せているのです。

軍のイデオロギーに基づく戦前の教育を受けた人たちと、新井教授の懸念するＡＩネイティブの世代は、とても似ているように思えます。客観的に判断しているつもりが、ＡＩに誘導された結果だったということにならないよう、自分自身の読解力を鍛える必要があるのです。

10〜20年後になくなる仕事トップ15	10~20年後まで残る仕事トップ15
電話販売員（テレマーケター）	レクリエーション療法士
不動産登記の審査・調査	整備・設置・修理の第一線監督者
手縫いの仕立て屋	危機管理責任者
コンピュータを使った データの収集・加工・分析	メンタルヘルス・薬物関連 ソーシャルワーカー
保険事務員	聴覚訓練士
時計修理工	作業療法士
貨物取扱人	歯科矯正士・義歯技工士
税務申告代行者	医療ソーシャルワーカー
フィルム写真の現像技術者	口腔外科医
銀行の新規口座開設担当者	消防・防災の第一線監督者
図書館司書の補助員	栄養士
データ入力作業員	宿泊施設の支配人
時計の組立・調整工	振付師
保険金請求・保険契約代行者	セールスエンジニア
証券会社の一般事務員	内科医・外科医

残る職業は、高度な読解力と常識、人間らしい柔軟な判断ができる分野が多く、なくなる職業は、決められたルールに従って作業すればよい、マニュアル化されやすい分野が多い。
C.B. Frey and M.A. Osborne, "The Future of Employment: How Susceptible are Jobs to Computerisation?" Oxford. (2013)

極意6

数字に騙されない

◎「日本人の読解力が急落した」は本当か

誰もが騙されやすいものに、数字があります。数字は客観的で、もっともらしい顔をしているからです。思い込みや勘違いや偏った認識を廃し、本当の意味を正しく吟味する習慣をつけなければいけません。

例えば、OECD（経済協力開発機構）が実施している「学習到達度調査（PISA）」です。PISAは3年に一度、各国の15歳を対象に、読解力、数学的リテラシー、科学的リテラシーの3分野で行なわれるテストです。

2012年、2015年、最新の2018年の結果を比べると、日本の順位は次の通りになります。読解力1位↓6位↓11位、数学的リテラシー2位↓1位↓1位、科学的リテラシー1位↓1位↓2位。

読解力の順位が大幅に低下したと大きな話題になりましたが、これは2015年から、試験の方法が紙からタブレット方式に変わったのが理由です。タブレット方式の解答は、前の画面に戻って見直すことができないので、慣れていないと使いにくい。ですが日本は、学校の授業でデジタル機器を使う時間が、ＯＥＣＤに加盟する37カ国中で最も少ないのです。

日本の教育現場では、学校で教科書の無償配布が行なわれ、副教材も充実しています。学習塾や通信教育も揃っています。すでに教育のシステムが整っているから、現場は新しいものを取り入れる必要を感じなかったのでしょう。現在、小中学校で生徒１人に１台ずつパソコンやタブレットの導入を進めているのは、こうした調査結果がきっかけです。

また、**目につきやすい順位ばかりが取り沙汰されますが、ＰＩＳＡで大事な数字は平均得点です。**２０１８年の結果を見ると、読解力トップのエストニアは５２３点で、カナダやフィンランドと共にトップグループです。日本は、７位のスウェーデンと２点差の５０４点で11位でしたから、前回の６位と実はほとんど変わりません。

したがって今回も、第２グループにいると見るべきです。数学的リテラシーは、韓国に１点差とはいえ１位。科学的リテラシーもエストニアに１点差の２位ですから、３分野とも非常に高いまま。数字には、こういう読み方が大事です。

もうひとつ、ＯＥＣＤ加盟国以外でＰＩＳＡに参加した国も含む順位表があります（Ｐ

69〜71）。こちらだと日本は、読解力15位、数学的リテラシー6位、科学的リテラシー5位に落ちます。3分野とも、トップは「北京・上海・江蘇・浙江」。2位はシンガポールで、3位はマカオでした。「なんだ、中国に大差をつけられているじゃないか」と落胆しがちですが、この数字にもからくりがあります。

何かと言うと、例外的に地域での参加を認めていることです。中国は、全土で受験すれば得点が低くなるとわかっているため、進んだ地域だけ選んで参加したのです。つまり、狙って高い成績を取りに行った結果です。

さらに言えば、読解力と科学的リテラシーが加盟国中トップだったエストニアは、人口132万人の小国です。エストニアやシンガポールのような国には大きな産業がないので、グローバルに展開するほかありません。PISAの試験問題の傾向を見ると、明らかにグローバルな人材を育成していく指標です。これらの国の教育が、その指標に沿うのは自然のことです。

日本にはまだ1億以上の人口があって、産業も内需も盛んです。必ずしもPISAの指標に沿わなくても、生き残れます。コロナが長期化すれば、国と国との国境の壁が非常に高くなります。ヒト・モノ・カネの流れが滞り、グローバリズムが後退することを考えると、グローバル型よりもローカル型の社会にエリートが集まってくる動きが、世界的に増すはずです。となると、むしろ国語力が大切。物事をどう伝えるかという言葉の力が、重要になってきます。

それぞれの国の事情を踏まえず、ＰＩＳＡの順位だけ見て一喜一憂しても、まったく意味がありません。日本の読解力が下がったと騒いでいる人たちは、それこそ数学的リテラシーが低いと言えます。

PISA調査・国際比較 **読解力**						
順位	2012年	平均得点	2015年	平均得点	2018年★	平均得点
1	上海	570	シンガポール	535	北京・上海 江蘇・浙江	555
2	香港	545	香港	527	シンガポール	549
3	シンガポール	542	カナダ	527	マカオ	525
4	日本	538	フィンランド	526	香港	524
5	韓国	536	アイルランド	521	エストニア	523
6	フィンランド	524	エストニア	519	カナダ	520
7	アイルランド	523	韓国	517	フィンランド	520
8	台湾	523	日本	516	アイルランド	518
9	カナダ	523	ノルウェー	513	韓国	514
10	ポーランド	518	ニュージーランド	509	ポーランド	512
11	エストニア	516	ドイツ	509	スウェーデン	506
12	リヒテンシュタイン	516	マカオ	509	ニュージーランド	506
13	ニュージーランド	512	ポーランド	506	アメリカ	505
14	オーストラリア	512	スロベニア	505	イギリス	504
15	オランダ	511	オランダ	503	日本	504

※実施年の後の★は、読解力を中心分野として重点的に調査した回を示す。

※白地の国名は OECD 加盟国。

PISA調査・国際比較 **数学的リテラシー**						
順位	2012年★	平均得点	2015年	平均得点	2018年	平均得点
1	上海	613	シンガポール	564	北京・上海 江蘇・浙江	591
2	シンガポール	573	香港	548	シンガポール	569
3	香港	561	マカオ	544	マカオ	558
4	台湾	560	台湾	542	香港	551
5	韓国	554	日本	532	台湾	531
6	マカオ	538	北京・上海 江蘇・広東	531	日本	527
7	日本	536	韓国	524	韓国	526
8	リヒテンシュタイン	535	スイス	521	エストニア	523
9	スイス	531	エストニア	520	オランダ	519
10	オランダ	523	カナダ	516	ポーランド	516
11	エストニア	521	オランダ	512	スイス	515
12	フィンランド	519	デンマーク	511	カナダ	512
13	カナダ	518	フィンランド	511	デンマーク	509
14	ポーランド	518	スロベニア	510	スロベニア	509
15	ベルギー	515	ベルギー	507	ベルギー	508

※実施年の後の★は、数学的リテラシーを中心分野として重点的に調査した回を示す。

※白地の国名はOECD加盟国。

PISA調査・国際比較 **科学的リテラシー**						
順位	2012年	平均得点	2015年★	平均得点	2018年	平均得点
1	上海	580	シンガポール	556	北京・上海 江蘇・浙江	590
2	香港	555	日本	538	シンガポール	551
3	シンガポール	551	エストニア	534	マカオ	544
4	日本	547	台湾	532	エストニア	530
5	フィンランド	545	フィンランド	531	日本	529
6	エストニア	541	マカオ	529	フィンランド	522
7	韓国	538	カナダ	528	韓国	519
8	ベトナム	528	ベトナム*	525	カナダ	518
9	ポーランド	526	香港	523	香港	517
10	カナダ	525	北京・上海 江蘇・広東	518	台湾	516
11	リヒテンシュタイン	525	韓国	516	ポーランド	511
12	ドイツ	524	ニュージーランド	513	ニュージーランド	508
13	台湾	523	スロベニア	513	スロベニア	507
14	オランダ	522	オーストラリア	510	イギリス	505
15	アイルランド	522	イギリス	509	オランダ	503

※実施年の後の★は、科学的リテラシーを中心分野として重点的に調査した回を示す。
※2015年調査において、*は、コンピュータ使用型調査の実施ではなく、筆記型調査で実施した国を示す。
※白地の国名はOECD加盟国。

極意7

騙されていい場合もある

◎「もったいない」根性が意欲に繋がる

人を騙すよりは騙されるほうが、心理的な負担は少ないものです。**ときには、騙されていることに気づきながら騙され続けることが大切なケースもあります。**

たとえば、子どもの教育です。就学前から早期教育をして一貫校に入学させれば、安定した人生が摑めるという考え方は、間違ってはいないが唯一の正解ではないと、誰にでもわかります。予備校や塾が説くサクセスストーリーは、額面通りに捉えられません。人生は、それほど甘いものではないからです。とはいえ、子どもを受験に向き合わせるためには、そういう物語に騙されたふりをすることもありえます。受験勉強で培われる知識は、その後の人生に意外と役立つからです。

マンションの購入にしても同じです。需要と供給を中長期的に考えれば、いまは買うべきではありません。しかしマンションを買ってローンを返していくという生活設計に、人生の計画性や散財を避けるなどの意味で利点があるのは事実です。

あるいは最近問題になっている、米国債やオーストラリア国債と連動させる保険です。

こうした金融商品で儲けを狙うとトラブルの元ですが、資産を分散して貯蓄するという発想に立てば、悪い考えではありません。「この方法なら儲かります」とか「安定しています」という保険会社のセールストークには嘘があると、わきまえておけばいいのです。為替リスクがあり、元本割れする可能性があることや、保険料の支払いや受け取り時に為替手数料がかかること、解約時には高い手数料を取られることは、資料をよく見れば書いてあります。しかし警告はされません。そこは商売であり、絶対に得する保険などないのです。

スポーツジムに入って毎月の会費を払うより、行くたびにビジター料金を払うほうが安上がりでしょう。毎日のようには通わないからです。ただし月会費の場合「あれ、最近行ってないな。もったいない」と思うことによって、運動への若干の意欲になります。

ビジネス書は図書館で借りるより、自腹を切るほうがためになると言われるのも同じ。人間はケチだからです。会社帰りに150円で買った夕刊紙の内容が頭に残るのも、缶コーヒーにするか夕刊紙にするか、迷った結果だからです。そこで得た情報で、本当に役に立つものはどれぐらいあるか考えたら、実はたくさんのノイズを仕入れているだけかもしれません。しかし小さな無駄も必要です。

そうやって自分を騙すことは、人に騙されない心構えにつながります。**問題は、自分**

の生活の根本を崩さないこと。競馬で生活を立てようといった勘違いさえ起こさなければ大丈夫です。

騙されながら続けていると意味が出てくるものは、たくさんあるはずです。大切なのは、長期に渡る大きな決断で間違えないことです。

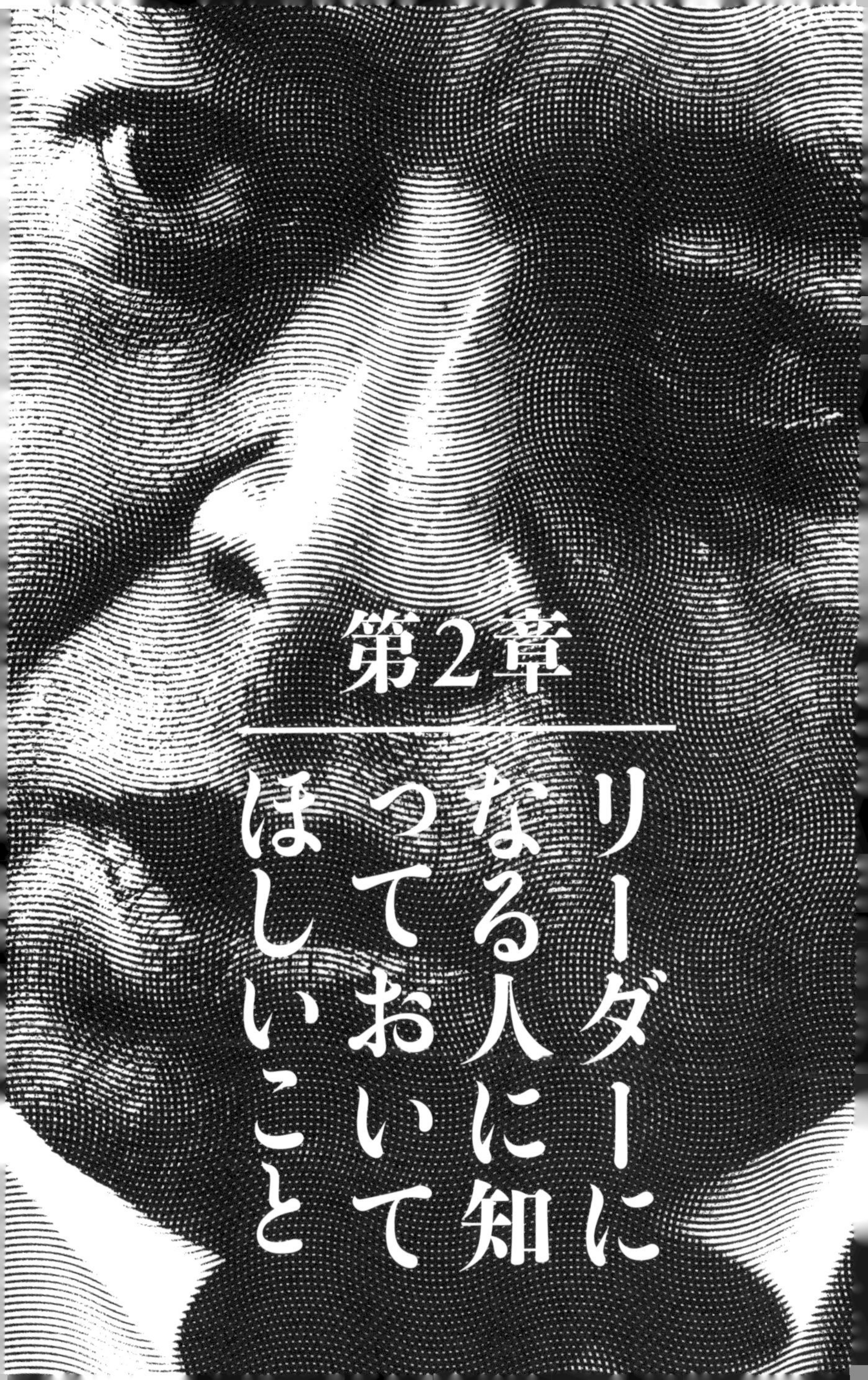

第2章

リーダーになる人に知っておいてほしいこと

人の上に立つということ

◎責任を負える範囲で独断専行せよ

この章では、組織のリーダーとして何を見抜けばいいのかを考えます。

人の上に立つ要諦として耳にしがちな心得は、「チームワークが大切」「何事も、部下の意見をよく聞いて決めること」。しかしそこには、空気に流されやすく、損得計算に囚われやすいリーダーしか生まれません。

私はあえて、独断専行と主観的な判断の大切さを強調します。リーダーシップには、深い孤独と強い責任が伴うのです。

旧日本陸軍には、中堅将校に向けた「作戦要務令」がありました。1938（昭和13）年に軍令として公布された、作戦や戦術の教本です。

私は外務省時代もいまも、企業で若手や中堅管理職の研修を担当する人たちに、この作戦要務令をテキストとして使うように勧めています。陸軍の将校だけを対象にした「統帥綱領」を好んで読む人がなぜか多いですが、こちらは、組織のトップに立つ人だけに必要な内容です。ビジネスの実際に役に立つのは、作戦要務令のほうです。

作戦要務令の中でも読むべきポイントは、独断専行の勧めです。悪いことのように思われがちですが、組織の中で自分が授権されている範囲を明確に理解した上で、迅速な活動をする、というのが本来の意味。自分で責任を負える範囲で適宜独断専行するのは、どの国や組織においても成功の秘訣です。上司に諮れば、その瞬間に組織全体の問題になり、判断も行動も滞ってしまうからです。

組織では、水が上から下へ流れるように指示が下りてくるのが基本ですから、上に向かってケンカをするのは、組織人として絶対にやってはいけないこと。**「長い物には巻かれろ」というのは、組織で生きるに当たって絶対的な真理です。その仕組みを上手くすり抜ける方法の一つが、独断専行なのです。**したがって、そこにおいて重要なのは決断力です。

作戦要務令には、退却の方法についても詳しく書いてあります。日本軍は決して退かず、無謀な突撃や玉砕に終始したように思われていますが、状況においては退却するという合理的な精神が、ここには含まれているのです。

◎実は怖い「草食動物」の嫉妬をマネジメントせよ

「長い物には巻かれろ」が生き方の真理である組織の中でも、リーダーがコントロールできないものがあります。たとえば、人間の感情です。人間関係には、ただでさえ嫉妬がつきものですが、組織においてはなおのこと。感情の問題にとどまらず、報酬や地位といった現実の利害に直結するからです。

組織のリーダーになるということは、嫉妬から逃れられない立場に身を置くことを意味します。同時に、部下同士の嫉妬を上手にマネジメントすることも、リーダーにとって大切な仕事です。

「嫉妬」という2文字の女偏を男偏に換えると、ぐっと恐ろしいものになります。なぜならそれは、権力と不可分なものだからです。嫉妬心が権力と絡むと、判断の合理性が失われ、感情にブレーキが利かなくなります。嫉妬に囚われた者は、対象者を徹底的に叩き潰すまで攻撃を止めません。しかも、自分が嫉妬していることを絶対に認めません。

こうした人間は、日常的には組織の中で和を重んじ、規律や階級を守り、上司の命令に素直に従うタイプのようです。それが自分と同等か、もしくは自分より下の者に軽んじられたと思ったとき、あるいはその者が、自分が認められたいと思っている上司に、自分より大事に扱われていると感じたとき、激しい嫉妬の感情が生まれます。

嫉妬は、なくならないからこそ怖いのです。したがって、なくそうとするのではなく、

管理するという発想が必要です。それには、動物行動学（ethology）が役に立ちます。

官僚のような「草食動物」タイプの人間の嫉妬は、政治家のような「肉食動物」タイプに比べ、はるかに恐ろしいと言えます。

「肉食動物」は戦いに慣れていて、攻撃の加減を知っています。ところが、普段はおとなしい**「草食動物」がいったん攻撃に転じると、相手か自分が死ぬまで徹底的に戦います。さもなくば、自己の安全が保証されないと考えるからです。**彼らは追い詰められると、やることも子どもじみてきます。外務省でも、手帳をシュレッダーにかけられた人がいました。私も一度、ノートがなくなったことがあります。

嫉妬の対象となるのは、大概、仕事の能力が高く人格円満、趣味人で友人も多く、女性にもモテる人物です。こういうタイプの人は嫉妬の感情が薄いため、嫉妬する人の心の動きがなかなかわかりません。互いに腹を割って話し合えば誤解は解ける、などと無防備に考えがちですが、これは最悪の対応です。嫉妬する側とされる側の論理は、咬み合うはずがありません。当事者同士では、決して解決できないものなのです。

嫉妬のマネジメントは、上司の仕事です。嫉妬されていると気づいたら、まず上司を〝使う〟べきです。嫉妬している相手を一対一のメシに誘うよう、上司にお願いするのです。上司はその席上で、「あいつもおまえを認めている。私ももちろん、おまえを認めている」などと伝え、相手が愚痴っても反論せずに受け止めておきます。案外それでガスは抜け、組織の雰囲気もよくなるものです。上司がだめならその上の上司、それもだめなら転職を視野に入れるしかありません。

◎嫉妬に身を焦がす部下と一緒にメシを食べよ

メシを一緒に食べるという行為は、非常に重要です。その根幹には、動物行動学があります。動物は、警戒する相手と同じ餌箱からは絶対に餌を食べないし、一緒に用も足しません。一緒に食べたり〝連れション〟することは、「あなたを警戒していません」という意思を示します。**だからインテリジェンス（諜報）、ビジネスどちらの世界も、会食を非常に重視します。親しくなってから会食するのではなく、先に会食することで信頼関係を築くのです。**

キリスト教で言えば、パンとブドウ酒を皆で分け合う聖餐式も目的は同じです。中東のケバブや米欧の野外バーベキューにも、肉を食う人間と煙を食う神様が「共に食事をする」という宗教的な意味があります。キリスト教圏、ユダヤ教圏、イスラム教圏で人間関係をぐっと深めるには、ずばり野外バーベキューに誘うことです。

〝連れション〟が、国同士の平和条約に結びついた例もあります。１９９４（平成６）

年に締結された、ヨルダン・イスラエル間の平和条約がそれです。ヨルダンのフセイン国王（故人）とイスラエル情報機関モサドのエフライム・ハレビ副長官（当時）が、交渉が膠着《こうちゃく》状態に陥った際、ともにトイレに立ち、並んで横向きのまま会話して、妥協案に合意しました。〝連れション〟でお互いを仲間と認識し合ったことが、成功に繋がったのです。

以前お会いした堀江貴文・元ライブドア社長の例は、示唆的です。ある子会社の社長が東京地検に持ち込んだ1通のメールが、ライブドア事件の発端になったというのが堀江被告の弁。**その社長は法廷で、裏切った理由を「メシにも誘ってくれなかったから」と証言したというのです。**

「メシぐらい、言ってくれれば誘うに決まってますよ。倒産寸前の会社を買い取って、2000万から3000万円もの年収を与えていたから、感謝されているものとばかり思っていました」と堀江氏は言っていました。

故・小渕恵三元総理にも、こんなエピソードがあります。総理就任時に官邸へ挨拶に来たある記者をぐっと睨んで、「おまえ、あのとき先にカレーを食った奴だな」と言ったというのです。十数年前、番記者たちとの懇談の場に小渕氏が20分遅れて来たとき、記者たちは出されたカレーを先に食べてしまっていました。先の記者がその場にいたことを、忘れていなかったのです。食べることにまつわる恨みというよりも、小渕氏を待たずにカレーを食べたという政治家に対する敬意不足が問題にされたのです。

嫉妬を受ける原因は、仕事だけとは限りません。たとえば美しい恋人といったプライベートの領域が、対象となることもあります。こうした場合、事実をすべて正しく上司に報告した上で、自分の業績推移などを提示しながら、職務に何ら支障を与えていないことを納得してもらう必要があります。

嫉妬されている人ではなく、嫉妬している連中を注意せよ、というのが上司の心得です。その際、叱るのではなく一緒にメシを食うことです。そうした目的で経費が切れる仕組みを作っておくことも、組織には必要です。最悪なのは、「あいつと同程度の成果を出してみろ」とハッパをかけることです。

上司は日頃から、部下一人ひとりの持つ才能を様々な切り口で見つけておくことです。組織にとって誰一人欠かせない大事な人材なのだ、と感じさせる人事管理が重要です。

嫉妬されるような部下に対しては、「野心があるなら、周囲にどう見られているかも考えたほうがいい」と、動物行動学の古典である『ソロモンの指輪』（K・ローレンツ著）を手渡すのもいいでしょう。嫉妬の感情を操る技術において、最適な師は銀座のチーママです。ホステス同士の嫉妬をマネジメントし、モチベーションを維持させる腕は見事なものです。

嫉妬のマネジメントは、ある意味で帝王学です。組織のトップの多くは、自覚するしないは別として嫉妬深く、嫉妬の破壊力を知っています。だからこそ、それをマネジメントし、頂点まで上ることができたのです。

就任直前に『嫉妬の世界史』（山内昌之著）を読んだという安倍前総理も、それに気づいていたはずです。新自由主義への傾斜を高め、個々の競争力の優劣が明確につく世相の下、嫉妬のマネジメントの重要性は増す一方となるでしょう。

◎損得計算を超えた「品の良さ」が人を惹きつける

嫉妬に代表される個人の感情が突出すれば、組織や人間関係に軋轢を生むものです。日本では、いたずらに波風を立てる人間は遠ざけられます。西暦６０４年に聖徳太子が制定したとされる十七条憲法の第一条に、すでに「和を以て貴しとなす」とある通り。場の空気を読んで行動するのは、日本人の特性なのです。

しかし私がよく知っているロシア人もまた、しばしば空気を読みます。たとえば、ウクライナの東部にあるルガンスク州とドネツク州にロシア軍人は一人もいない、というのは事実です。どちらも、ロシア連邦への編入を求める分離・独立派がウクライナからの独立を宣言し、ウクライナ政府軍と親ロシア武装勢力が衝突を繰り返してきた地域です。ロシアは本当に、正規軍を送っていないのでしょうか。

実情は、こういうことです。ロシア軍のある部隊を前にして、上官が言います。

「全員並べ。この中で、明日から休暇を取りたくない者は、一歩前に出ろ。よ～し全員、休暇を取りたいな。では、2週間の休暇だ。ところで、みんなに相談だ。俺は、ボランティアでドネツクに行く。正規軍の活動じゃないから、階級章は外して認識番号票も置いて行く。ではこの中で、明日からボランティアに行きたくない者は、一歩前に出ろ。自由意志だ」

結局のところ、その場の全兵士が空気を読んで、上官について行くことになります。したがってルガンスク州とドネツク州に、ロシア正規軍の兵士は一人もいないのです。私に言わせれば、個人レベルで見るとあれだけ個性的なロシア人も、同調圧力にはやはり弱いのです。

ソ連時代、選挙の投票率は99％を超えていました。といっても投票用紙には、候補者1人の名前しか書かれていません。投票箱は、投票用紙の隣にあって、信任なら何も書かずに投票する。つまり形だけの選挙ですが、部屋の隅にはカーテンで囲まれたボックスがあって、そこに入って投票用紙に書かれた名前に「×」をつけることもできます。

一応、投票のプライバシーは、守られる建前です。しかし投票所に居並ぶ選挙管理委員の中にはKGB（秘密警察）の協力者がいますから、誰がボックスに入ったのかは、たちどころに突き止められてしまいます。

興味深いのは、それでも1％ほど、「×」をつける有権者がいたことです。当時のソ連社会では、バランス感覚の欠けた人間だと思われていたはずです。しかしその1％の人たちがいたおかげで、ソ連は崩壊したと私は思っています。おそらくそこが、現在の北朝鮮との違いです。もしかすると当時のソ連よりもプーチン大統領下のロシアの方が社会の同調圧力が強くなっているのかもしれません。

慶應大学商学部の菊澤研宗教授は、日本人が流されやすい〝黒い空気〟を問題視します。**波風が立つことを恐れ、口をつぐませてしまうのが、黒い空気です。そして、これに流されない人は損得計算を超えた〝品の良さ〟を備えていて、他人はそこに惹きつけられる**、という意見です。

菊澤　評論家の山本七平氏が著書『「空気」の研究』で、日本の組織は空気に支配されやすいと指摘しています。多くの日本のエリートは損得計算が早く、その結果で動きがちであり、黒い空気を読んで、つまり忖度して行動しようとします。果たしてそれでいいのでしょうか。

人間として興味深いと思うのは、損得計算の結果と価値判断の結果が異なるケースです。たとえば、アメリカとの戦争は無謀だと知りつつも、連合艦隊司令長官の任を受け、真珠湾攻撃を指揮した山本五十六のケースです。損得計算をすれば、99%日本が負けることはわかっていた。でも戦った。

その判断を、空気によるものだと言う人もいますが、私は空気ではないと思います。損得計算を超えて、軍人として正しい価値判断をしたのだと思います。それが彼の品の良さであり、真摯さです。

パナソニックの創業者・松下幸之助も、損得計算を超えた経営をする、品の良いユニークな人物でした。従業員を大切にして、赤字になってもクビを切ることはしませんでした。だから人がついてきた。そんな人間的魅力が、彼にはあります。

空気に支配されず、損得計算のロジックに囚われなかった人物に、最近では元広島東洋カープの黒田博樹投手がいます。メジャーリーグでの高額オファーを断わって、古巣に復帰した彼の行動には、何か清々しい空気を感じました。

ところが「先生、違うんです。あれは損得計算をして、税金などいろいろ考えて、カープに戻ってきたんですよ」と説明する人もいます。そのような面から説明することも、できるのかもしれません。しかし、そんないやらしい解釈をすること自体、いかがなものかと思います。もっと人間の良いところを、見てあげてほしいですね。

人間の心を動かすのは、単なるロジックだけではありません。たとえば、キリスト教世界における信仰がそうです。**神学者のフリードリヒ・ゴーガルテンは『我は三一の神を信ず』という本の中で、「信仰は合理的な計算でもなければ、意志による決断でもない。感化だ」と言っています。**尊敬できる人が周囲にいると、こういう人になりたいと無意識のうちに思って、感化を受けてしまうというのです。

ではロジックが先に立つと、人はどんな行動に走るでしょうか。

菊澤　２０１６年に舛添要一・都知事（当時）が、別荘への往復に公用車を使ったり、会議だといって千葉県の出張ホテル代を政治資金で払ったのが実は家族旅行だったのではないか、と問題になりました。調査に当たった弁護士の結論は、「不適切だったが、違法とは言えない」というものでした。

この例で、「世の中には〝合法的不適切〟というものが存在する」と明らかになりました。合法的でありさえすれば、他人からどう見えようと問題ないという価値観です。

ロジックを好む人は、法律を規範として行動しがちです。しかし、そのように法律を頼みとする人間は、一般に法律さえ守れば何をしてもいいという人間に変化するものです。ナチス政権下で、何万人ものユダヤ人を強制収容所で虐殺したアドルフ・アイヒマンは、法廷で命令に従って合法的に行っただけだと主張し続けました。もちろん、法律を守ることは当然のことなのですが、物事の善悪は、法律とは別に判断すべきときがあるのです。そこがわかっていない人は、法律に頼ってしまいがちです。

合法的だけども不適切という行為は、僕に言わせると「人としての品位にかかわること」で、やってはいけないことです。しかし最近、人としてのそういった価値判断能力が弱い人が多くなってきていて、危険だなと思います。学生にも、ファイナンスばかり勉強するのではなくて、もっと良いか悪いか価値判断することを経験してほしいですね。

◎「客観的に評価をして最適な選択ができる」は幻想だ

「今の学生には、もっと良いか悪いか価値判断することを経験してほしい」という菊澤教授の話の続きです。

菊澤　日本企業はバブル崩壊以降、米国流に株主利益を重視し、経済合理性を追求するようになりました。その流れに沿うように、大学でも1年生から起業家を目指してファイナンスなど実務の勉強をどんどんするようになっています。

ただ、本当にそれでいいのでしょうか。若いうちにもっとやるべき、大事な勉強があるはずです。私はやはり、損得計算力ではなく価値判断力を身につけることが大切だと思うのです。価値判断とは、損か得かではなく、好きか嫌いか、良いか悪いか、正しいか正しくないかを判断する能力のことです。

それなら簡単だ、と思う人もいるかもしれません。しかし価値判断は主観的なので、優秀な人ほど避けようとします。ですが、どんな商品が儲かるのか、どうすれば儲かるのか、何が売れるのか、損得計算をしても確固たる解答が出るわけではありません。

そもそも消費者自身がわかっていない場合も多いのです。したがって、最後は、この商品を販売することが社会にとって正しいのかどうか価値判断する必要があるのです。このような価値判断力、それが今の大学生には欠けているように見えます。

私たちの世代は、ドイツの社会学者マックス・ウェーバーに大きな影響を受けてきました。客観性が良しとされ、主観的であること、つまり、価値判断は良くないとされてきました。

しかし、もうそこから脱却しなければなりません。主観的であれば、主観的であるがゆえに、その「責任」を取ればいいのです。

この指摘は、非常に重要です。「主観」は、英語ではサブジェクト。ドイツ語だとズプイェクト。「主体」と訳すこともできます。「主体的に取り組む」と言い換えれば、いっそう自律的に聞こえるでしょう。

イスラエル政府は、失敗の経験から学んだ教訓を取り入れています。「悪魔の弁護人システム」と言われるものです。

１９４８年から67年の3度にわたる中東戦争で圧勝したイスラエルですが、70年代前半は人口３３０万人前後の小さな国でした。アラブ連合軍に何度も国を包囲されましたが、そのたびに総動員体制をとると、経済が停滞してしまいます。したがって、敵が本当に攻めてくるかどうか見極めることは経済政策上、極めて重要でした。

73年の第4次中東戦争で、諜報機関モサドは「攻めてくる」と判断しました。しかし政府は、その情報を役立てることができませんでした。最終的にはからくも勝利しましたが、当初はアラブ連合軍の奇襲により、イスラエル軍は大損害を被ったのです。

その結果、メイア首相も国防省のトップも辞めて、「悪魔の弁護人システム」を導入することになりました。これは、すべての人たちが正しいと決めた方向性に対し、リタイアした情報機関のプロフェッショナルたち4、5人が独自に軍事情報を読み解き、反対の対処法を作成する。その2つの答申書を首相に渡し、首相自身に選択させるというシステムです。通常、情報を集めて状況を判断するのは、首相ではなく、情報機関の仕事です。ではなぜ、首相に判断させることに変えたのか。その理由を、モサドの幹部が私に教えてくれました。

「資格制度で選んだ役人が判断を間違えて国が滅んでしまったら、悔やんでも悔やみきれない。しかし、選挙で選ばれた首相が間違えるならば、それは自業自得だ。諦めるしかない」

そこで、究極の判断は首相に委ねることにしたわけです。非合理な選択に備えたシステムだと言えます。

菊澤　日本の企業もそうあってほしいと思います。最近、ある企業の偉い方に、「トップが最後にやるべきことは、価値判断でしょう」とお聞きしたら、「いや、そうではありません。トップには客観的なデータが上がってくるので、それを見て客観的に意思決定することが重要なのです」と言われました。そうであれば、そのようなトップの下で働く部下は不安です。常に客観的に評価をして、最適な選択だけしていると思っているトップは、決して責任を取らないでしょう。データに忠実な判断は客観的だと考えるので、個人の責任は生じないからです。それならば、ロボットにも子どもにもできるのです。

このような思い込みをしていると、部下から提供されたデータに大きな間違いがあるということが意思決定後にわかれば、自分ではなく、その部下を責めることになるでしょう。これでは、部下は萎縮してしまいます。次からは、ミスを隠すようになり、組織は不健全になります。

やはりトップの決定は、部下が間違う可能性も含めた価値判断でなければなりません。非合理な選択はつきものであり、それに対する責任を取る覚悟が、トップには必要なのです。

人間は、すべての情報を手にできるわけではありません。自分では合理性を追求して合理的に判断しているつもりでも、限られた情報の中では、非合理な選択をしてしまうことが避けられません。そのことに気づき、そのうえで空気に流されず正しいかどうか主体的に価値判断をし、最後はその責任を取ることが、リーダーの務めです。

部下をどう育て、評価すればいいのか

◎あなたの部下はどのタイプか

新卒一括採用、年功序列、終身雇用といった日本企業独特の慣習は、崩れつつあります。代わって、前歴を問わない採用、昇進を目的としない評価、他社へ転職した人の復帰など、人事のあり方は大きく様変わり。グローバル化が進み、外国人と一緒に仕事することも当たり前になってきました。

組織のあり方が多様化するのに伴い、リーダーの役割は難しくなっていきます。まず問われるのは、部下の人間力を見抜く力。そして、個々にふさわしい導き方を見極める力です。

2011（平成23）年に東日本大震災が発生した2日後、福島第一原発の事故について勉強しようと思い、神田にある三省堂書店本店へ行きました。原子力工学の棚を担当する店員さんに、よく売れている本を5冊紹介して欲しいと頼み、3冊を選んで購入しました。

その中で最も役に立ったのが、『原子力安全の論理』という本です。著者は、1999（平成11）年に茨城県の東海村で臨界事故が起こったときに原子力安全委員会の委員長を務めていた、佐藤一男さんという工学者です。

読んで驚いたのは、福島第一原発で起こりつつあった危機がすべて論じてあって、「安全とは主観的な判断にすぎない」「絶対の安全は存在しない」と書いてあったことです。これは私の喩えですが、道を歩いているとき落ちてきたレンガに当たって死ぬ確率と同じ程度なら、リスクはないとみなされる。ゆえに、100％絶対と言える安全などは存在しないのです。

この本で強く印象に残ったことのもうひとつは、危機に直面したとき、人間は4つのタイプに分かれるという分析です。すなわち――。

1. やるべきことをきちんとやる人。
2. やるべきことをまったくやらないか、不十分にしかやらない人。
3. やってはいけないことをやる人。
4. やってはいけないことをやらない人。

トラブルが発生したとき被害の程度を左右するのは、事後の対応です。それは個々人の行動如何にかかっています。組織を構成するのが1と4の人ばかりなら幸いですが、現実の人間は危機のときほど、2か3になってしまうというのです。すると対応ミスの連鎖が起こり、トラブルは深刻さを増し、人災の色が濃くなります。

発生した問題への対応の良し悪しは、結局、人に帰すると佐藤さんは書いています。人間は、情報蓄積能力においても計算能力においても、コンピュータに勝てません。ただし総合力に関する限り、人間を超える存在はありません。危機管理では総合力が大切だと、佐藤さんは福島第一原発事故が起こる数年前に指摘していたのです。

組織のリーダーとしては、2と3に走ってしまう部下ではなく、事態をしっかり見据えて1と4の対応を取れる部下を育成しなければなりません。

◎部下の品性を見抜いて褒めよ

いつの世も、人材の登用ほど難しいものはない。そのことを思い知らせてくれるのが、建武の新政で知られる後醍醐天皇に仕えた公卿の北畠親房が書いた『神皇正統記』です。中世において重要なこの史書の中に、人材の登用法について述べた箇所があります。

親房は、「人を選ぶときには、まず品性、次に実績、3番目に身分で選べ」と言っています。当時なら、まず身分を重んじるのが当然だったはず。現代では、目に見えやすい実績を重視するでしょう。ところが、それではうまくいかない。何よりも相手の「品性」を見抜いて登用せよ、と言うのです。慶應大学商学部の菊澤研宗教授も、「下品なことをしない」という価値観の持ち主を尊重すべきだ、と語ります。

菊澤　この選択は得か損か、損得計算が速い学生は山ほどいますが、これが正しいかどうかという価値判断のできる品の良い学生は、10人に1人いるかどうかです。

例えば、2人の学生がいて、授業で個人発表をするギリギリ直前までプレゼンの準備をしているとき、2人ともロジックの間違いに気づいたとします。1人は間違いがわかっていても、用意しておいた40枚のスライドを使ってプレゼンをする方が得だと損得計算して華やかにプレゼンをした。もう1人は誤りを発表することは正しくないと価値判断し、スライド10枚分のつまらないプレゼンしかできなかった。

事情を知らない人間から見ると、40枚のスライドでプレゼンした学生のほうを、熱意があると評価するでしょう。しかし10枚のスライドだけでプレゼンした学生は、正直さを選んだのです。教師はそこを見抜き、褒めなければなりません。

人を否定するには論理的矛盾を見つければいいだけなので、少し頭が良ければ簡単にできます。しかし、人を褒めることは意外に難しい。論理を超えて、見えないもの、つまり倫理的な側面も見ようとする想像力が必要だからです。

企業でも流行りの「見える化」ばかりに注力するのではなく、見えないものを見ようとする力が、リーダーには必要だと考えます。

目に見えにくい「品の良さ」を見抜いて褒めるのは、非常に重要なことです。私も外務省で研修指導官を務めた経験から、「君はここが足りない。これがダメだ」とあら探し型で臨む指導官だと、新人が伸びないことを知っています。

外交の場では、条約や法律を盾に杓子定規な議論ばかりしていると思われるかもしれませんが、実は相手の立場を重んじて、品良く振る舞う姿勢も大切です。

たとえば慰安婦問題です。１９６５（昭和40）年に結んだ日韓基本条約で、国家間の賠償は処理済みというのが日本政府の立場です。にもかかわらず、韓国は賠償問題を蒸し返してきます。どう対処すればいいのでしょうか。

私が指導している学生たちと議論すると、「条約で処理済みなのだから、韓国にこれ以上の賠償金を払うのはおかしい」という意見が出ます。そんなとき、私はこう言います。「じゃあ、君のパソコンに保証期限があるとして、１日過ぎただけで直してくれない販売店と、期限が切れているのに直してくれる販売店があったら、どちらがいい？　もし保証期限が1カ月くらい切れていても、町の電器店なら融通してくれるだろう。そしたら次に電気製品を買うとき、多少価格は高くても、量販店ではなくその電器店で買いたくなるはずだよ」

外交の世界も一緒です。法的な義務を負わないというのは、禁止されていることを意味しません。国際法にも、補償してはいけないという禁止条項はありません。日本に法的な支払い義務はないとしても、韓国との政治的、道義的関係において政府がお金を出すことは、何も問題ないのです。

2015（平成27）年に交わされた日韓合意における日本の態度は、こうした考え方に基づいたものです。政府としては日韓基本条約の解釈を変えられませんから、韓国政府が作った「和解・癒やし財団」に10億円拠出するという形式を取ったわけです（残念ながら文在寅政権によってこの財団は解散させられてしまいました）。

こういう話をすると、わかる学生にはわかります。

◎見抜く力をつけるには、本と映画で感化力を高める

つまり若い人たちにも、見えないものを見抜き、感じる力を身につけて欲しいのです。

そうした感化力を高める訓練として、私は学生たちに「小説を読め」と言っています。**たくさんの小説を読んで恋愛や犯罪の内在的論理を知れば、人間に対する洞察力を鍛えることができるからです。**

マルクス経済学者の宇野弘蔵が、『資本論に学ぶ』という著書の中で、フランス文学者の河盛好蔵と面白い対談をしています。「小説を読まずにいられないのはどういうことか」と自問してから、宇野は述べます。

「ぼくはこういう持論を持っているのです。少々我田引水になるが、社会科学としての経済学はインテリになる科学的方法。小説は直接われわれの心情を通してインテリにするものだというのです。自分はいまこういう所にいるんだということを知ること、それがインテリになるということだというわけです。経済学はわれわれの社会的位置を明らかにしてくれるといってよいでしょう。小説は自分の心理的な状態を明らかにしてくれるといってよいのではないでしょうか。読んでいて同感するということは、自分を見ることになるのではないでしょうか」

大学2回生のときに初めて読んだ本なのですが、この一節は強く心に響きました。

たとえば私の著書『国家の罠』は小説ではありませんが、こういう類の本を読んでおくと、犯罪に巻き込まれずにすみます。犯罪に関わることなくその内在的論理を知るためには、小説やノンフィクションを読んで追体験しておくことです。多様な読書によって、経験していないことが学べたり、経験しないほうがいいことを避けたりできるのです。

感化力を高める追体験をするために、もう一つお勧めなのが映画です。たとえば悪について学ぶ場合、言葉から悪が生まれるというのがキリスト教の重要な考え方ですが、学生に宗教映画を見せてもピンときてもらえません。

そこで私は、井口奈己監督の『人のセックスを笑うな』（2008年）を見せるようにしています。第41回文藝賞を受賞した山崎ナオコーラさんの小説が原作で、美術専門学校の非常勤講師をしている39歳の女性・ユリと、19歳の男子学生・みるめの不倫の物語です。私の好きな永作博美さんと、松山ケンイチさんが主演です。

この映画を観ると、言葉から悪が生まれることが実感としてわかります。たとえば、ユリはみるめに好意を寄せている女子学生を呼び出してこう言うのです。「みるめ君に触ってみたくないの？」と。「触ってみたいけど……、どうしようもないし」と女子学生が答えると、「やってみなきゃ良いか悪いかもわかんないよ」。その後、彼女はストーカーのようになって、結局、学校もやめていくんだけど、その発端はこの言葉のやり取りにあるんだと思います。

さらに、進んで語ることとあえて語らないことの隔たりからも、悪が生まれることがわかります。というのは、この女性は結婚しているのですが、彼に教えないのです。なぜかというと、聞かれないから。ここには、中世以来の悪魔学のポイントが秘められています。

1944（昭和19）年に作られた最後の国策映画に、『かくて神風は吹く』があります。阪東妻三郎や嵐寛寿郎が出演したこの作品は、興行的にも成功しました。

鎌倉時代の元寇が題材ですが、モンゴル軍が対馬で行なう虐殺はサイパンの玉砕を連想させます。幕府軍は防御のためにあらゆる手段を尽くし、最後は亀山上皇が伊勢神宮へ行って祈る。すると一夜にして、4000隻もの敵艦が海に沈みます。

ラストシーンで、執権の北条時宗が演説をします。「極限まで努力をしないと、神風は吹かない。努力が神風を呼び寄せる」という内容です。主観的願望によって客観的情勢を変えることができる、というプロパガンダなのです。

ここを理解しておくと、現在の北朝鮮情勢を読み解くのに役立ちます。この映画の時代の日本人の感覚と、現在の北朝鮮人民の感覚は、さほど離れていないと思えるからです。

菊澤　昔、民俗学者の柳田國男が講演でお化けの話をしたとき、「お化けなどいるんですか」と問われて、がっかりしたと言います。お化けが科学的に存在しないことは、とっくの昔に結論が出ている。問題はそこではなく、なぜ日本人がお化けにまつわる民間伝承を大切に語り継いできたのか。その深い部分が興味深いのであって、科学的であるかないかという議論は主眼ではないのです。

天皇についても、同じことが言えます。生物として見れば単なる人間であって、ほかの人間と変わらない細胞でできていて、科学的には少しも興味を惹かれません。しかし存在としては、ほかの人間と違います。歴史を踏まえれば目に見えない違いがあることは明らかで、科学的な分析では解明できない奥深さがあるわけです。

芸術を見るときも、同じかもしれません。ピカソの作品は、単に絵の具を塗りたくった子どもみたいな絵で、くだらないように見えます。しかし実は、ぱっと見ではわからない魅力が隠されている。その魅力を鑑賞できるか否かは、こちらが見抜く力を持っているか否かにかかっています。

お化けといえば、新型コロナウイルスの感染拡大後、疫病退散にご利益があるという妖怪アマビエの絵が人気になりました。江戸時代の熊本に現れ、「疫病が流行ったら、自分の姿を絵に描いて人に見せるように」と言ったと伝えられる妖怪です。

ご利益を心の底から信じた人は、もちろんいないでしょう。困難の中で多くの人が心をひとつにするためのツールとして、有用だったのです。厚労省も感染防止キャンペーンのキャラクターに使いましたが、税金のムダ使いだと批判されたという話は聞きませんでした。

◎悪事に巻き込まれないための教育

世界を股にかけて活躍する商社パーソンを見ていると、悪事に巻き込まれずにすむ手立てを体系的に学んでいることに感嘆します。日本の常識が通用しない国や組織や人を相手に、ここまでは付き合ってもいいけれど、ここから先はいけないという境界を、よくわきまえているのです。

社員教育やリーダー研修の中に、悪に対処する方法が含まれているからでしょう。そうでなければ、稼ぎさえすれば何でもアリという理屈に陥りがちだからです。所属する組織がしっかりしていなければ、できないことです。

その点を、丸紅の國分文也会長（インタビュー当時、社長）に訊いてみました。

國分　規範や尺度は、時代によって変わっていきます。かつては清濁併せ呑むことが必要だと言われたような事案でも、今ではコンプライアンスが優先されます。私の感覚では、法律を遵守していることは当然で、その上にあるフェアかアンフェアかという点に価値基準がなければいけないと思っています。
　商社パーソンは、個人の信念がしっかりしていなければなりません。そのためには、組織が自身の文化を通じて個人のボトムラインをきちんと作れるかどうか、が重要になってきます。結局は教育なのです。

外務省時代に私が赴任していたモスクワでも、日本の商社パーソンはほとんどトラブルを起こしませんでした。日本の商社の窓口となるのは、たいていがソ連時代にＫＧＢだった人間です。商社パーソンは、そういう一筋縄ではいかない相手と、非常な緊張感を持ちながら付き合っていました。

　トラブルが多いのは新聞記者や外交官、学校の先生です。あるとき全国紙の幹部から、「うちの記者でロシア語の堪能な奴がいるんだけど、どういうわけかビザが出ない。佐藤さん、助けてくれ」と相談がありました。

　管轄はロシア外務省の新聞出版局ですから、その部署にいる知り合いに善処を頼みました。ところが「ウチでは処理できない」という答えです。理由を聞くと、「麻薬取締官に逮捕された過去があるから」と言うのです。

調べてみると、その記者は女性と遊んでいて、勧められてマリファナか何かを吸って捕まったことがありました。そのときKGBが取り引きを持ちかけたのですが、彼は断わった。だから以後の入国は禁止になった、というわけです。麻薬が絡んでしまうと、どの組織も守れません。KGBは、そこを突いてきたわけです。

モスクワにいると、怖いことがいろいろ起こります。商社パーソンにこういったケースがほとんどないのは、悪に対処する教育が継承されているためだと感じたのです。

他国との交渉において、日本人特有の失敗をする場合があります。相手が最後の局面で譲歩したとき、もう少し取れそうだと欲を出して、ハードルを上げる傾向があるのです。日本企業も外交官も、それで交渉を台なしにしてしまうケースが非常に多い。

交渉能力を身につけることは非常に重要なのですが、ノウハウはマニュアル化できません。駆け引きのツボは、経験から学んで身体で覚えていくしかありません。企業の文化も同じようにマニュアル化できず、口伝で作るものでしょう。

私が企業で重要だと思うのは、軍隊でいう下士官クラスです。先を見据えながら若い人を養成しつつ、コンプライアンスを守りながら自分で判断を下し、最適な解を見つけていく。現場で責任を持つそうした下士官クラスをいかに養成するかが、企業の本当の体力作りに関わってくると思います。

◎部下の強みを発揮させる仕組み作り

そうした意味で、人材の育成と評価に関する面白い方法を持っているのが、アサヒグループホールディングスです。1987（昭和62）年に発売された「スーパードライ」は、長らく国産ビールのトップブランドです。同社の昇進だけが目的ではないユニークな人事システムを、小路明善社長が説明してくれました。

小路　アサヒビールでは、社員が部長になることを一つの目標とし、そのポストに就けなかったら自分の能力が低いと思ってしまうような単線型の人事評価をしないように努めています。そのために、絶対評価を採用しようと制度改革を進めています。

社員たちには、自分の強み、弱み、または自分の力をどこで活かせるのか、まずは自分自身で「SWOT分析」をしてもらう。特にビジネスパーソンの場合は、弱みを強みにするというよりも、自分の得意分野をどんどん強みにしたほうが、仕事がしやすいはずです。

SWOTとは、Strength（強み）、Weakness（弱み）、Opportunity（機会）、Threat（脅威）の頭文字。企業が戦略の決定を行なう方法のひとつで、SとWは内部の環境。OとTは外部の環境を示します。

これを個人として行なうとき、マイナス要因であるWとTを克服するよりも、プラス要因であるSとOを伸ばすほうが優先という考え方は、非常に興味深いものです。

小路　ビジネスの世界では、自分の強みを発揮できるフィールドはどこにでもあります。部長でなくとも、強みを発揮して大きな成果を挙げた人は、部長と同じ報酬を得ることもできる。さらに言えば、部長というラインマネジャーでなくても、執行役員になれるような制度体系もいま作ろうとしているのです。

人間は、自分の強みを発揮して成果を出すごとに、モチベーションを高めていくものです。それが部長や役員になれないと成果を出す機会がなくなってしまう仕組みでは、モチベーションが下がるのは当然です。

一方で私たちの会社では、他社へ転職した後に戻ってくる社員も歓迎するようにしています。どの企業でもそうでしょうが、一つの会社にずっといては、視野を広げることには限界もある。ですから、10年勤めた社員が他の企業で働いてみたいと言ったら、「どうぞ行ってきてください」と返答しています。転職先での経験を、またアサヒビールで活かしてほしい。そう思っているのです。

退職した社員が戻って来る、それを受け入れるというのは、健全な愛社精神があればこそ成り立つ制度でしょう。その基本にあるのが、絶対評価という公平な考え方です。最近では愛社精神どころか、「就職して一定のノウハウを身につけたら起業する」と公然と話す大学生もいます。アメリカでは当たり前だと言うのですが、どの国でも、優秀な人は同じ会社でそれなりに長く働いています。

会社や組織にとっても、優秀な人材を引き留められなければ、存続と繁栄はできないはずです。

小路　会社が金太郎飴集団では、国内でも海外でも勝てません。その意味でも、社員それぞれが役割を持って一つの集団を築き上げていくビジネス集団、いわば〝桃太郎集団〟でなければならないと思っています。それでこそ、多様性を持った異文化許容度の高い集団だと言えるのです。

私は、レイモンド・チャンドラーの「人間は強くなければ生きていけない。優しくなければ生きる価値がない」という言葉が好きなのですが、強さと優しさというのは、企業にとっても同じく必要なものだと感じています。

企業は強いビジネスやブランド、収益がなければ生きていけません。しかし、社員たちの中から落ちこぼれをつくらないように、その人の強みを発揮できるフィールドを与えるという優しさも必要です。

ビジネスパーソンにおいても同様です。強いスキルがなければ生き残れませんが、同僚が悩んだり困ったりしているときには、手を差し伸べて相談に乗るような優しさも必要です。むしろ、私はこの優しさがなければ、ビジネスパーソンとして価値はないと思っています。

若手を教育する場では、厳しく接しなければ本当の力は身につかないものです。しかしその裏には、本当の優しさがなければならないのです。

金太郎飴の組織ではいけないという話はよく聞きますが、〝桃太郎集団〟というのは興味深いお話でした。イヌとサルは犬猿の仲。キジにしても、イヌやサルと特に親しいとは思えません。相容れない3者をまとめ、それぞれの能力を発揮させて鬼たちと戦うのが、桃太郎のマネジメント。チームワークを築く上で、優れたリーダーシップだと言えます。

小路　いま、日本の経営者に求められているのは、異能をマネジメントして、いかにグローバルに大きな目標を達成していくかということです。そのためにも日本の経営者はいまこそ、金太郎飴ではなく、桃太郎にならなければいけないと思っています。

私はグローバルビジネスを実践するために、**日本人を無理やりグローバル人材に育てあげる必要はあまりないと考えています。なぜかというと、我々が手がけているビールビジネスは、「シンク・グローバリー、アクト・ローカリー（地球規模で考え、足元から行動せよ）」というように、〝グローカル〟なビジネスだからです。**

我々は現在、主力商品スーパードライのほか、傘下であるチェコのピルスナー・ウルケル、イタリアのペローニ、ナストロ、アズーロの3ブランドを、およそ60カ国でグローバル展開しています。

他方、工場のある日本や欧州、オセアニアでは、ローカルビジネスを行なっています。ローカルでトップブランドをつくるには、そのローカルにおける優秀な人材が必要です。たとえば、チェコにいきなり日本人が行っても、なかなか根付きません。そこで成功するためには、チェコで一番優秀なビール経営者をヘッドハンティングすればいいのです。グローバルブランドマネジャーは必ずしも日本人である必要はないし、グローバルブランドの拠点も日本に置く必要はない。海外人材を含めたグループ全体の中から、最適な人材や場所を考えればいいのです。

少子高齢化で国内マーケットの縮小が避けられない以上、事業のグローバルな展開は必須です。しかし、現地を指揮するリーダーは必ずしも日本人である必要はない、というのです。ほかの企業は、この点をどう考え、実践しているのでしょうか。

◎言語も文化も宗教も違う部下たちを束ねる秘訣

日本たばこ産業（ＪＴ）は医薬や加工食品事業も手掛けるとともに、世界１３０カ国以上でたばこ事業を展開するグローバル企業です。売上高も利益も、海外比率が３分の２。海外事業を統括する子会社ＪＴインターナショナルは、ジュネーブが本社です。

様々な国籍の社員たちを、どのように束ねているのでしょうか。お話を聞いたＪＴ代表取締役社長の寺畠正道さんは、前職がＪＴインターナショナル副社長でした。

寺畠　現地の幹部には、きちんと権限を与えており、こちらが細かいところまで指示をすることはありません。そうでなければ、現地社員のモチベーションを高めて、真の実力を引き出すことはできません。ジュネーブの本社はグローバル戦略を練ることに専念し、ローカルのマーケットについては各国のトップに任せています。ですから、意思決定の動きは早いと思います。そして常に先を見て判断する。利益が出なくなってからでは、何事も適切な判断を下せなくなります。仮に撤退するとしても早めに対処し、従業員に対しても常にフェアであることを心掛けています。

アサヒビールの小路社長が語ったのと同じように、現地の人材に責任と権限を与えることが秘訣のようです。そして常にフェアであること。寺畠社長は海外駐在の長い経験から、こうした思考をするようになりました。

寺畠　一番大きく変わったきっかけは、イギリスのマンチェスターに赴任していたときです。20代後半でイギリス人の部下を持って、彼らとうまく仕事をしていたのですが、自分と東京本社の間で方向性の違いが生じてしまう場合がありました。結局、東京本社の方針に合わせようとするのですが、自分でなかなか納得できない日々が続きました。

その後、30代前半でスイスのジュネーブに赴任したのですが、買収先の企業と統合作業を進めるという責任ある仕事を任されていたときに、買収先の企業と同じ方向性を持って仕事をしていくためにはどうすればいいのか、繰り返し議論しました。そうした経験から、自然と身についていったのでしょう。もし日本にずっといたら、この感覚は身についていなかったと思います。

特にJTインターナショナルでは、何十カ国もの国から来たメンバーがいました。言葉も文化も宗教も違います。では、どうやって同じ基盤をつくるのか。それは、数字であり、ロジックです。基盤がしっかりしていなければ、皆が同じ方向に進んでくれません。そこを研ぎ澄ますようになってから、透明性があってフェアでロジカルな考えが深まっていき、自分の血肉になっていったのです。

おかげで、グローバルに多くの人々と信頼関係が築けたのでしょう。自分が相手に対して不信を抱いたり、不満に思っていたりすると、相手も同様の対応をしてきます。だからこそ相手を説得するには、数字とロジックをもとに信頼関係を築くことが大事なのです。

私は、異文化交流で一番大切なことは何かと訊かれたとき、論理だと答えています。文化的な背景が異なる相手を説得するには、論理の力が必要だからです。同じ文化の中にいれば阿吽の呼吸で通じるものが、多様性の中ではそれができない。だからこそ、共通のツールとして英語と、論理が重要になってくると思っています。

さらに寺畠社長の言う通り、言語的なロジックに加えて、非言語的なロジックである数字も大切です。この2つをきちんと使っていけることは、世界で仕事をするに当たって不可欠な力だと言えます。

部下もまた、リーダーを育てる

◎年の離れたパートやバイトが若い社員を育てる

リーダーが、職務として部下を育成するのは当然のことですが、実はリーダーも、部下に揉まれて育てられるものです。そうした相乗効果を発揮する組織を作ることは、トップの務めでもあります。

スーパーのヤオコーでは、パートタイムのスタッフが店舗の運営に進んで参加することで、若手社員の人間性が鍛えられます。お好み焼きチェーンの千房《ちぼう》は、元受刑者や少年院退院者の雇用に積極的です。社会貢献がきれいごとでは済まない現実は、幹部社員の成長の糧になっています。

ヤオコーは、埼玉県を拠点として関東地方に約160店舗を展開する食品スーパーです。競争が激しい業界において増収増益を維持し、営業利益率も業界トップクラスを誇っています。

店舗を覗いてみて気づいたのは、従業員が活き活き働く姿と、売り場の至るところに見られる創意工夫でした。従業員が大切にされているから進んで創意工夫をし、そのことが店全体のクオリティを高めていると、目に見えてわかります。仕事に向かうモチベーションの高さが実感できるのです。

代表取締役会長の川野幸夫さんは、日本スーパーマーケット協会の会長も務めています。スタッフの役割とリーダー養成術について、川野会長に聞きました。

川野　我が社には月1回、パートナーさんたちの成功事例を共有する「感動と笑顔の祭典」という報告会があります。パートナーさんとは、世間で言うパートさんのことです。店舗の周辺に住む主婦が中心なので、地域のこともよくわかっていますし、同じ主婦であるお客様のこともよくわかっている、いわば「生活のプロ」。この報告会で話を聞いていると、我が社を支えているのはパートナーさんたちだとつくづく思います。業績がよいのは、パートナーさんが優れているからなのです。

本部はパートナーさんたちがやりたいことを支えていくだけ。ですから私たちは、本部のことを「サポートセンター」と呼んでいます。本部主導ではなく、皆に主体的に働いてもらうためです。

小売業は、自分たちの仕事がお客さんの反応としてすぐに返ってくる商売です。それが、小売業で働く楽しさでもあります。その楽しさを、ぜひ皆で味わってもらいたい。仕事は統制や命令でやっていても楽しくない。主体的に働くことで、初めて働く楽しさがわかってくるものだからです。

ヤオコーは株式公開をしていますが、オーナー企業です。社員にとっては自分たちの命運が握られているわけです。だからこそこちらは、できるだけ風通しのいい社風にしなければなりません。実質上の創業者である母は、社員にとっても母親のような存在でした。私が社長になる前から、社内には家庭的な雰囲気があったのです。

企業が大きくなればそうした雰囲気は薄れてしまうものですが、私は家庭的で明るい雰囲気を残しながら、甘えが出ることのない社風をつくろうと考えてやってきました。おかげさまで順調に発展してきましたから、「この数字をあげろ」といった、あまりきついことを言わなくて済みました。

店の主体は、働く人たちの楽しさにあるというのです。私はモスクワにいた経験から、このお話が実感できました。

一般に、ロシア人は働かないというイメージがあります。しかしそれは、ソ連時代が統制経済だったために働かなかったのです。いまのロシア人は、とてもよく働きます。

自分の労働が正当に評価されれば、収入に繋がるからです。ソ連時代は貨幣でモノが買えませんでしたが、今は貨幣があれば何でも買えます。労働と評価の仕組みが変わった途端、ロシア人は見違えるように活き活き働くようになったのです。

パート従業員を大切にするほか、**ヤオコーの人事政策で興味深いのは、若い社員を店長に登用していることです。このやり方の難しさは、場合によっては親くらいの年齢のパートやアルバイトの上に立たなくてはならないこと。**

若い頃にそうした経験をすると、人間力が試されます。自分は店長だからとふんぞり返っているようでは、人は付いてきません。若い社員を鍛え、リーダーとして育てるためにどんな工夫をしているのか、気になるところです。

川野　私どもは「個店経営」という言い方をしていますが、できるだけお店に商売の主体性を持たせています。店長一人で考えるより、皆で考えて〝知恵の輪〟をつくるようにしています。皆で考えて能動的に学ぶアクティブ・ラーニングのような形にすれば、自然と人間力はついてくるものです。

自分で考えて、いわゆる「プラン（計画）・ドゥ（実行）・チェック（検証）・アクション（改善）」のサイクルを回し、教育や訓練によってさらに力をつけてもらう。

そうやって経験を重ねることで、人は人材として育っていきます。

スタッフ皆が一緒に考えれば、それぞれが経営に当事者意識を持つようになります。若い社員も突き上げられて、おのずと人間力が高まるわけです。

ヤオコーに人をつくる雰囲気があるのは、独自の社風によるものです。川野会長が入社した1969（昭和44）年は、まだ有限会社・八百幸商店の時代でした。

川野　当時は、人材どころか人手がまったく足りず、何事も本部主導でした。1976年に大卒1期生を採用し、その後も企業規模が小さいわりには大卒を順調に採用できました。しかし若いし経験も浅いし、能力は急に高まるわけじゃない。一方で、お店はどんどんつくっていかなければなりませんから、外部からスカウトしたりして中途採用もしていたんです。

ところが、プロパーの社員とよそから来た同じ年代の社員を比べてみると、後者のほうが大人に思えた。そのとき、社員の生かし方を間違えていたと気づいたのです。プロパーの社員に経験がないからといって、いつまでも「ああやれ、こうやれ」と指示していたら、彼らも考える暇がない。なのにいきなり「おまえも考えろ」と命じるのは、無理な話です。それから少しずつ、できるだけ主体性を持った働き方をしてもらうように変えていきました。

お客様の要求水準も高くなって、いい加減なスーパーは支持されなくなりました。改めて、自分たちはどんなスーパーを目指すのかをはっきりさせる必要が出てきました。私が45歳くらいのときです。そこで全員参加や、先ほどお話しした個店経営を打ち出しました。

私どものコンセプトである豊かで楽しい食生活を実現する提案型のスーパーにするには、地域のお客様のことをよく知り、そのニーズに合った品ぞろえをする個店経営でなければなりません。その個店経営は、店に来るお客様のことを一番よくわかっている店舗の従業員全員が主体性を持って取り組む全員参加の商売でないと成り立たない。だから、従業員の誰もが商売に関わらないといけないのです。

店舗を見ても、ＡＩなどによって省力化・合理化を図っていく方向とは違ったスタイルです。店の造りや従業員一人ひとりの細かい動作、商品に対する愛情などは、ビッグデータの解析から生まれるものではありません。その裏には、人材の育成に関する発想の転換があったわけです。

◎ドロップアウトした人たちを受け入れるということ

大阪市に本社を置くお好み焼きチェーンの「千房」の創業者で代表取締役会長の中井政嗣さんは、ある会合で初めてお会いしたとき、私に前科があることで興味を持ってくださいました。作家として駆け出しだった私に、「いろいろなスタートの形があり、いろいろな人生がある」と話してくださったことが、非常に印象に残っています。

千房は、法務省の協力のもとで日本財団と共に立ち上げた「職親プロジェクト」の代表世話人として、元受刑者の就労支援を続けています。刑務所や少年院の中で募集と採用を行ない、その企業が身元引受人となって居住地と職場を提供するという官民連携の事業です。

ビジネスの世界で成功すれば、業績至上主義に進みがちです。ところが千房は、家族的な経営を歩み、ドロップアウトした人たちに再び社会で活躍するチャンスを与えようとしているのです。元受刑者の支援に携わる思いと、そのエネルギーはどこからくるのかを、中井会長に聞きました。

中井　私は7人兄弟の上から5番目です。家は貧乏で、勉強嫌い。兄弟の中でも学業

成績が悪かった。その私がビジネスで成功して全国展開の真っただ中にいるとき、母に、

「おかあちゃん、俺がこうなるなんて考えられたか」

と聞いたら、

「まさかおまえがこうなるなんて、夢にも思わへんかった」

と言われました。私のことを誰よりもよく知っている母親ですら、我が子の将来はわからない。そのとき、人間は無限の可能性を持っていると気づきました。人は変われるのです。

千房は昭和48年の創業ですが、当初から人手不足が続きました。猫の手も借りたいほどだったので、やる気さえあれば即採用です。経歴は不問。身元保証人を取ったこともありません。

彼らが入社した当時は知らなかったのですが、少年院や鑑別所にいた経験のある人や元受刑者が、その中に含まれていたんです。彼らが一生懸命頑張って店は活気に溢れ、彼ら自身も立派に更生して、店長になり幹部になっていく姿をこの目で見てきました。

会社の知名度が次第に上がり、それなりの人材も採用できるようになった頃、法務省から元受刑者の就労支援の依頼がありました。私は、彼らを受け入れたいと思いま

した。刑期を満了しても、身元引受人も住む所もないまま社会に放り出されると、間違いなく再犯につながるからです。しかし、社内は賛否両論。

「飲食店は人気商売だから、そうとわかった上で元受刑者を採用すれば、お客様が怖がって来店しなくなるかもしれない」

と心配する社員もいました。もっともです。しかし損か得かではなく、善か悪かで考えようと説得しました。元受刑者の人たちにも、無限の可能性がある。彼らはそれまで仕事もせず、楽なほうにばかり走ってきた。それを、職場や住まいを提供して、バックアップして自立させようということなのです。

最終的に私がすべての責任を持つ形で、前代未聞の刑務所内での募集を始めました。服役中に面接をして内定を出し、着の身着のまま出所してきた人を迎え入れたのです。

実際の反響は、ニュースとして報じられた翌日に匿名の嫌がらせメールが1通来たほかは、「勇気ある行動を応援します」「食べに行きます」という応援メッセージばかりでした。

◎嘘をつき、ルールを破る部下に課すこと

ハローワークを通じて、元受刑者や少年院退院者を民間企業が受け入れる「協力雇用

主制度」という就労支援システムは、以前からありますが、企業側も元受刑者の側も、そのことを隠す傾向にありました。しかし中井会長は、正反対の態度を取っています。

中井　元受刑者を雇用していることを世に知らしめることが、実は大事なのです。なぜなら、受刑者の受け皿は社会です。受刑者に対する社会の偏見を少しでも緩和させるためにも、オープンにしたいと思ったのです。それにオープンにしなければ、元受刑者は世間にバレないように、びくびくしながら生きていかなければなりません。

ある少年院で講話をしたとき、一人の若者から、

「どうして、罪を犯した我々のような者を採用するのですか」

と質問されたことがあります。私は即答しました。

「何か問題がありますか。確かにあなた方は罪を犯した。しかし今は反省し、もう二度と過ちは繰り返さないと誓っているではないですか。また罪を犯すつもりですか。私は信じています」

そう言うと、彼は泣き出しました。

そうした彼らを受け入れてきて、問題だと感じたこともあります。よく嘘をつくこと、そしてルールを簡単に破ることです。ですから、嘘をつくな。ルールは守れ。そ

して、素直であることを守ってほしい。と私は常にアドバイスしています。

彼らの給料は保護観察中は現金で手渡しにしているので、私のところまで取りに来させます。それと並行して、現金管理をさせるために「金銭出納帳をつけなさい」と言っています。その金銭出納帳をチェックしながら、嘘をついていないかどうか、お金の流れをチェックするのです。最初は100%、帳尻が合いません。だから「嘘は言わないでいいから、金銭出納帳を日記代わりに使いなさい」と言っています。

嘘をつかない。ルールを守る。素直になる——。簡単なことのようですが、人が一度ひねくれてしまうと、この3つをクリアするのはなかなか難しいものです。

私自身も、問題を抱えた学生の教育支援を行なったことがあります。普通に大学に入学してくる学生以上にお金とエネルギーがかかるので、中井会長の大変さはよくわかります。私がその学生たちに課した唯一の条件も、金銭出納帳をつけることでした。辻褄の合わない嘘は、数字になって現れるからです。

中井　実は私も中学を卒業してからずっと、金銭出納帳をつけてきました。家は農家でしたが、おじさんが大阪市中央卸売市場で大きな乾物問屋さんを経営していた関係で、中学卒業後、兵庫県尼崎市の乾物屋さんに丁稚奉公することになったのです。

金銭出納帳にはお金のことだけ書いているのですが、日記にもなるわけです。たとえば散髪丸刈りが100円。拾ったお金も金銭出納帳につけていました（笑）。昭和36年、初任給は3000円でした。お給料のほとんどは貯金していましたね。

丁稚に出たその年に父が亡くなって、独り立ちしないといけない、そのためにはお金を貯めないといけないとずっと思ってきました。17歳のときには株式投資を始めました。銀行預金ではお金は増えないからと、社債や投資信託にも目を向けるようになった。最後は商品先物取引にも手を出して、小豆相場で大失敗して、虎の子の50万円を失ってしまうんですが、そのおかげで、経済の仕組みや経済が気候とも連動していることがよくわかるようになりました。

持っているお金を全部失うとは、若い中井会長にとって大変な試練だったことでしょう。

中井会長は刑務所だけでなく、少年院に入っている12歳から22歳までの若者たちの退院後も支援しています。

中井　関西の女子少年院で講話を行ったとき、16歳の子から感想文をもらいました。私の講話の中で、特に彼女の心に響いた言葉があったというのです。それは、「人生を覆すような出会いもあれば、人生を変える出逢いもある」という言葉です。

その子は小さい頃から虐待を受け、家出して大阪のミナミに来てからは自分の体を売って得たお金で、生活費を賄ったり、クスリを買っていたそうです。彼女にとってミナミの街はキラキラしていて、自分が生きていく世界はここだと思っていた。しかしヤクザやクスリの売人、ホストや風俗のスカウトが自分を利用しようと近づいてくる。信じても結局、裏切られて利用される。そんな大人との出会いは、「自分の人生を覆すような出会い」だったと言います。

「でも、少年院で人生を導いてくれる先生方や千房の会長さんに出会って、世の中にはこんな温かい人がいる。生まれて初めて幸せを感じることができた。少年院に来てからの出会いを、『人生を変える出逢い』にしたい。社会に出たら真面目に働きたい」

感想文には、そう書かれていました。

お話を聞いていて、元受刑者の就労支援にはいろいろなドラマがあると感じました。もちろん、すべてのケースがうまくいくわけではありません。

更生への期待が大きい分、潰れてしまう人もいるそうです。 一生懸命に仕事をして素晴らしい自分の姿を周囲に見せようとしていると、どうしても無理が生じて、ギャンブルに走ってしまう人もいます。何らかの依存症を抱えていて、それが治らない場合もあります。

私の知り合いにも、ギャンブル依存症だった人がいます。100億円以上の会社のお金を使い込んで特別背任で逮捕され、大きなニュースになった元経営者です。東京教育大学附属駒場高校（現・筑波大学附属駒場高校）から東大法学部へ進み、創業家の3代目としてトップになるべく、帝王学を授けられてきた人物です。

私は彼を人間として尊敬していて、出所後も偏見なく付き合っています。経済や国際情勢に詳しく、ギャンブルにはまってしまったことは意外でした。

そんな彼がぼそっと、「社長業、会長業は、好きな仕事ではなかった」と言ったことがあります。そして、もともとアルコール依存症だったとも告白されました。酒を大量に飲んで正体を失うのではなく、飲んでいるお店が看板（閉店）になるまで、自分の意思で切り上げることができない。そんなアルコール依存症が形を変え、ギャンブル依存症になってしまったというのです。

◎サポートすることで社員たちも成長できる

中井会長のお話から思い出したのは、仏教の教えです。現在の状況は、過去の因果によって決まるというのが仏教の考え方です。そこだけ見れば、辛い現実を諦めて受け入れるしかないようですが、まだ先があります。今の「因（原因）」を変えていけば、未来の「果（結果）」は変えられるのです。

過去は変えられないが、未来は変えられます。すると中井会長は、次のように語りました。

中井　私は、未来が変われば、過去も変わると思っています。

私がいつも彼らに言うのは、

「あなた一人を採用しているわけではない。あとに続く者のためにも失敗したらあかん。成功事例を積み上げたい」

ということです。一人が成功すれば、世の中の見方が変わるのです。

「未来が変われば、過去も変わる」

この言葉は、私にとっても印象的でした。自分が到達した未来から振り返れば、過去を整理することができ、その意味合いが変わります。

私も2002(平成14)年5月に東京地検特捜部に捕まったとき、これで人生は終わりだと絶望しました。国のために北方領土問題で一生懸命仕事をしたのに、なぜ理解されないのかと悔しい思いもありました。しかし**第2次安倍政権は、私たちが進めていた方向で、北方領土問題に対処しました。そして菅政権もこの路線を継承しています。**一緒に逮捕された鈴木宗男さんに、

「我々はなぜ捕まったんでしょうね」

とぼやいたら、

「20年近くたって、政府の外交方針がまともになったんだから、よかったじゃないか」

と笑われました。同じ物事でも、こうも見方が違うのかと納得したものです。

中井　かつて刑務所内では、内定者が出ても、ほかの受刑者からやっかみを受けないように伏せていたそうです。しかし職親プロジェクトの活動が広がると、一人の採用内定は他の受刑者にとって励みになることがわかりました。そこで今は、内定者が出たら刑務官も含めたみんなで祝福するそうです。日本もまだ捨てたものではありませ

ん。受け入れ企業はたくさん出てきています。

我々にとって、実はいいことばかりでもありません。再び罪を犯した者や、夜逃げした者もいます。社内が大混乱したこともあります。しかしそのたびに、ほかの社員たち、特に幹部が成長します。元受刑者がいい方向に向かうためにサポートすることで、社員たちも人間として成長できているのです。

私もよく千房を利用するのですが、アルバイトも含めて一人ひとりの従業員が、会社に対して強い帰属意識を持っていることを感じます。

千房をはじめ7社で始まった職親プロジェクトに参加する企業は、今では173社に達しています。企業イメージがプラスになるとはいえ、実際に取り組むには勇気が要るに違いありません。

トラブルが起こるのは織り込み済み。そんな中から社員の人たち、特にリーダーが成長していくという最後のお話を、実に興味深く聞きました。

コラム

国家を担う人材をどう育てるか

《「士官にして紳士」という伝統》

防衛大学校の國分良成・学校長は、慶應義塾大学法学部で長く教鞭を執られた後、2012（平成24）年に就任されました。現代中国政治の第一人者から防大への転身は、非常にユニークな経歴です。一般の大学と防大の教育の違いや、次代の国防を司るリーダーをどんな方針で養成しているのかについて聞きました。

國分　防大には、自衛隊の幹部自衛官を養成するという明確な目的があります。その性格上、研究より教育に比重を置く学校です。私にとっては、中国研究に取り組むよりも、どういう教育を行うかのほうが中心的な課題となっています。慶應のような一般の大学では、教員は研究や学会活動が重視され、教育そのものはそれほど重視されてこなかった。防大に来て、そのことに改めて気づかされた面もあります。

日本の大学ではどうしても、入学試験と就職の２つがキーになってしまいます。そのため、教育の内容はあまり議論されてこなかった。大学は偏差値の高い学生を集め、良い企業に入るためだけにあるのか。大学教育は学生に自身のミッションを発見させる場ではないのか。私も30年以上教えてきて、そこでいつも空回りしていました。

私は防大に来て、3つの大学で同時に教えているような気がしています。1つ目は一般大学のように、知識やものの考え方を教えること。2つ目は体育大学のように、心身を鍛えること。朝6時から夜までずっと時間が仕切られていますから、非常に厳しい学生生活を送らなければなりません。

さらに3つ目が、人格者を養成する宗教系の大学のように、世のため人のために人生を捧げる志を持った幹部自衛官を育成しなければならないということです。結局のところ、我々の最大の目的というのは、いかに人間力ある人材をつくるのかということにあると思っています。それも、明日明後日に役に立つ人材よりも、20年後30年後の日本や世界の平和のために尽くす人材を育成することにあるのです。

端的に言えば、防大が行なっているのはエリート教育です。しかし、この「エリート」という言葉が、日本では響きが悪い。私は同志社大学の学長特別顧問に就いて、文理両方を融合させたエリート教育を行なっているのですが、「リーダー養成セミナー」という名称を使っています。

神学部で優秀な学生を絞り込むと、大学院博士課程の後期レベルの内容を教えても十分ついていけます。**そういうエリートを養成しなければ、この先の日本が本当に心配なのです。防大においても、目指すのはバリバリの軍人ではなく、広い意味でのエリートを育てることです。**

國分　バランス感覚や広い思考や視野を持つことが大事なのです。そのため初代校長から一貫して、英国のパブリックスクールのような伝統を引き継いできました。

占領統治が終了した1952（昭和27）年に創立された防大は、ある意味で戦後の叡智の結晶です。初代の学校長は慶應義塾長を務めた小泉信三に依頼がありましたが、ご自身はお断りになった。そこで小泉先生が信頼する教員で、オックスフォード大学の卒業生である慶應義塾の槇智雄教授をお迎えした。槇先生の教育理念に基づく〝マキイズム〟が、今も防大に受け継がれています。専門教育に最初から走るのではなく、バランスの取れた人間性の土台作りを重視する。そしてそれは福澤諭吉先生の「一身独立して一国独立す」の精神に繋がっています。その意味では私も、慶應にいたときより福澤諭吉や小泉信三の本をよく読むようになりました。

防大に来て、まさに大事だなと思ったのが、読書量なのです。特に理系の学生が多いですから、たくさん本を読ませるようにしています。学生が今どんなレベルの本を読んでいるのか、部屋に入って実際に見せてもらうこともあります。我々が学生たちに読ませる本の一つは、英国パブリックスクールの留学経験をもつ池田潔（元慶大教授）が書いた『自由と規律』（岩波新書）です。槇学校長がしばしば語った「士官にして紳士」「高い身分には義務が伴う」「規律、自主、信頼」、などの言葉は学校のいたるところに刻み込まれています。

《先輩や後輩は誤魔化せても、同期は誤魔化せない》

防大の校風には、慶應のスピリッツと相通ずるところがあります。私がいた当時のモスクワ大使館には、陸海空3人の防衛駐在官がいました。当然、数多くの防大出身者と付き合ったわけですが、その基礎教育が優れていると感じていました。3代目の学校長を務めた猪木正道氏は、京大教授から転じた政治学の第一人者でした。

國分　防大にはもともと、文系が存在していませんでした。創設を主導した吉田茂首相に、戦前の軍部に対する強い反省があったからです。合理的な科学的思考こそ必要だということで、当初は理系だけでスタートした。その後、猪木正道学校長の時代に、文系の人文・社会科学ができたのです。

大事なことは、科学的思考と、理念先行に陥らないある種のリアリズムです。私も学校長在任期間が長くなりましたが、自分の新たな生き甲斐を見出した感じがしています。何より学生が誠実で可愛くて仕方がないのです。卒業生にも人格者が実に多い。

寮生活なので、同期の仲が非常に良い。8～10人部屋で留学生も含め1年から4年までが、互いに悩み事や辛いことを乗り越え切磋琢磨しながら、一緒に生活を送っています。そのため、卒業してからも非常に絆が強い。先輩や後輩は誤魔化せても、同期は誤魔化せない。自衛隊の人事の評価の中で、同期評価というのは相当な意味を持ちます。

陸海空を一緒にして、共に4年間過ごすことも大きな特徴です。戦前のように、陸と海で別々の教育システムではありません。

國分　陸軍と海軍がバラバラになってしまった戦前の反省があって、いまは陸海空が一緒になっているのです。入隊後は陸海空に分かれて忙しいのですが、年を重ねて上級幹部になると、仕事の上でも互いに連絡を取り合うそうです。

自衛隊は、命令や規則がある厳しい世界です。しかし、そこは人間同士。人間というものをしっかりと理解していなければ、務まらない仕事です。

私も外務省時代、研修指導官を5年ほど担当しました。留意したのは、国家のために仕事をするとはどういうことなのかを十分に教えることでした。**普通の教育であれば、自己実現やキャリアパスについて教えればいいのですが、国家を担う人材を育成する教育では、国益というものをどのようにして血肉化させていくのかが、最も重要なのです。**

ビジネスを見極める

◎トップブランドを維持するために

少子高齢化で、国内のマーケットは縮小する一方。海外へ目を向けても、米中の貿易摩擦が激化するなど、情勢は不安定です。新型コロナウイルスの蔓延で人や物の往来が途絶えてしまう、という想定外の事態も起こります。

どう戦略を練り、いつ決断するか。ビジネスの見極めは難しくなるばかりです。成功している企業のリーダーの話から、ヒントを探りました。

アサヒビールのスーパードライは、長らく国産ビールのトップブランドと前述しましたが、94年に北米、99年にはヨーロッパと中国で、それぞれ現地生産と販売を開始し、グローバルな展開を続けています。

アサヒグループホールディングスの小路明善社長は、「**ブランドの価値は、毎年上げ続けていかなければ、必ず陳腐化する**」**と断言します。**そのためには、大変な努力が伴うに違いありません。

小路　スーパードライは、2014年にアメリカで行なわれた「ワールド・ビア・カップ」という世界的なビールの品評会で金賞を受賞し、翌年ベルギーで行なわれた「ブリュッセル・ビア・チャレンジ」でも金賞を受賞しました。2年連続でスーパードライが世界の醸造家の皆さんから高い評価を受けたことで、いまグローバル展開を加速させています。

国内市場が縮小していく中、グローバル展開は当然のことですが、単に日本のビールという物珍しさで飲まれるのでは、ビジネスは長続きしません。やはりスーパードライのブランドそのものが、世界で評価されたことは大きいと思っています。

マーケティング用語でいえば、ブランドには「物性価値」と「情緒価値」というものがあります。前者は商品やサービスの機能や品質による物理的な価値、後者は商品やサービスを使ってどう感じるかという気持ちや満足感を指します。

トップブランドを維持するには、この2つの価値を毎年上げ続けていくことが必要になるのです。「毎年」でなければ、ブランドは必ず陳腐化します。ビールビジネスはブランドビジネスです。スーパードライという確固としたブランドをつくっていかなければ、商品は長続きしません。

トップブランドを維持するのが、並大抵の苦労ではないことがわかります。しかし、ひとつのブランドにこだわっていても、ビジネスは拡大しません。激しく変化する時勢を見極め、新たな手を打っていく必要があります。そのとき、仕掛けるタイミングをどう見抜けばいいのでしょうか。

テレビの報道番組の世界では、「時勢より一歩遅くなければ、視聴率は取れない」という話を聞きました。提案や先取りではなく、視聴者の興味や関心がすでに向いているテーマを取り上げることが大切だ、という意味です。これも、ひとつの考え方かもしれません。

小路社長のお話は正反対でした。消費者の好みを先取りしてこそ、チャンスがあるというのです。

小路　我々の場合は、常に1・5歩先を見て、つまり2年先、3年先にどういう嗜好の変化が表れるだろうかという兆しを摑んで、それを今、具現化することが非常に重要だと思っています。

しかも、私たちのような日用消費財のビジネスは、一気に展開しなければ市場にインパクトを与えられません。逐次投入では勝負に勝てないのです。グローバルビジネスにおいても、潜在的なニーズを見極める力を養い、常に時勢に見合ったタイミングでの決断が必要です。

トップブランドを抱えていても、維持に汲々とするばかりではいけない。小路社長のお話は、守りつつ攻めることの大切さを教えてくれます。

◎全国展開か、ローカルブランドか

私は東京駅から新幹線に乗るとき、よく崎陽軒のシウマイ弁当を買うのですが、午前11時過ぎだと売り切れていることが少なくありません。それだけ人気が高く、ブランド力があるのです。

神奈川県横浜市に本社を置く崎陽軒は創業110周年を超えましたが、いまも全国展開をしていません。**HPに経営理念として〈崎陽軒はナショナルブランドをめざしません。真に優れた『ローカルブランド』をめざします。〉とあえて宣言している**ほどです。

それでは中長期的な視点から見て、どうやって企業を発展させていくのでしょうか。地域への貢献を重視した経営戦略も興味深いと思い、3代目社長の野並直文さんにお話を聞きました。

野並　実は私が専務のときに、社長だった父から今後の崎陽軒の方向性として、シウマイを全国展開すべきか、もしくは横浜を中心とした地域にこだわった総合サービス食品企業を目指すべきなのか、問われたことがありました。

　父自身もかなり迷っていました。私もどうすればいいのか考えなければならない。その頃、「一村一品運動」を提唱されていた大分県の故・平松守彦知事に、お話を聞く機会がありました。

　当時お聞きしたのは、「真にローカルなものこそ、インターナショナルになる」という話でした。たとえば、アルゼンチンタンゴはブエノスアイレスの片田舎の民族舞踊でしかなかったけれど、真に音楽性が優れているため、世界中の人が楽しむようになった。そう聞いて「これだ!」と思ったことが、「この会社はローカルで行こう」と決めるきっかけになりました。

　平松知事は、私が一村一品運動にヒントを得てローカルブランドを目指していると いう話をどこかで聞きつけて、わざわざ横浜へお立ち寄りくださったこともあります。

一村一品運動とは、市町村ごとに特産品をひとつずつ生み出すことで地域経済を活性させようという政策です。これを提唱したのが大分県の平松知事で、いまでは世界各国に広がっています。

私も、平松知事にお世話になったことがあります。1990年6月、ロシア共和国閣僚会議の招待で平松知事のご一行がモスクワを訪問し、地域活性化についての講演や意見交換を行なったときのことです。

当時はモスクワへやって来る誰もが、世界的に注目されていた最高指導者のゴルバチョフに会いたがっていました。ところが平松知事は、ゴルバチョフではなくエリツィンに会いたいと言うのです。

当時のエリツィンは、ソ連を構成する共和国のひとつであるロシア共和国の最高会議議長。いわば、県レベルのトップにすぎません。

しかしそのポジションなら、グローバルに考えてローカルに行動することが理解できるはずだと見込んだ平松知事は、エリツィンに一村一品運動の話をしました。すると、エリツィンも興味を持ったのです。

私はそのやり取りを見ていて、「世の中ではエリツィンはポピュリストだと思われているが、かなり統率力があり、天下を取る可能性がある」と評価しました。それを機に、エリツィン周辺の人脈づくりを始めた経緯があります。

平松知事には、人の本質を見抜く力があったのです。野並社長が平松知事に触発されたというのも、私にはよくわかります。

野並　かりに全国展開をしていたら、崎陽軒の良さを発揮しきれなかっただろうと思います。シウマイだけの全国展開は難しいでしょうし、大手食品メーカーと競合するほどの力はありませんから、経営的に厳しくなったかもしれません。やはり崎陽軒が戦うべきは、ローカルブランドの土俵だろうと思っています。

全国展開をしたときに怖いのは、類似した商品をつくる企業が出てきて、価格競争に巻き込まれることです。後発の競合企業と一緒に見られると、ブランドイメージを維持するのは難しくなってしまいます。

崎陽軒と同様の戦略を採用して、成功している企業はたくさんあります。「神戸プリン」「東京ばな奈」、北海道の「白い恋人」や伊勢の「赤福」なども、あえて全国展開しないことで、ブランドの確立に成功しています。それぞれの企業に合ったやり方があるのです。崎陽軒は２０１６年から、新業態の「シウマイＢＡＲ（バル）」をスタートさせました。

野並　シウマイＢＡＲの１号店は、東京駅の八重洲地下にあります。新幹線を利用するお客様が多い場所で、もともとは全国のグルメを一同に集めた商店街をつくるということで出店要請を受けました。

崎陽軒のシウマイは冷めてもおいしいですが、温かくてもおいしい。出発までの時間やちょい飲みに、いろいろな種類のシウマイを食べてもらおうと出店したのですが、予想以上にうまくいきました。次いで横浜の中華街に出店しましたが、拡大を急ぐ気はありません。コンセプトに合う立地の物件が見つかれば、応じていくという感じでしょうか。

◎大人気商品の中身を変えるべきか、変えないべきか

崎陽軒のＨＰの「事業内容」という項目を見ると、第一に「鉄道旅客用及び一般食料品の製造加工及び販売」とあります。駅弁を大切にする姿勢がここからも伝わりますが、弁当の食べ方は様変わりしました。近頃では、買って帰って家で食べる文化がかなり定着しています。

野並　私は、駅弁業界の一般社団法人「日本鉄道構内営業中央会」の会長も務めています。駅弁の会社は、最盛期には全国で４００社もあったのに、今は１００社ほどに減少しています。いろいろな要因がありますが、一つは列車のスピードアップです。新幹線が主流となって、乗客は増えても、車中で食べる回数が減ってしまったのです。ローカル線の相次ぐ廃止も影響しています。

私は昭和47年に崎陽軒に入社したのですが、当時は午前中に弁当がよく売れ、昼過ぎから夕方にかけては単品のシウマイが売れました。しかしいまは、夕方に弁当が一番売れます。お仕事やお買い物の帰りなどに、買ってくださるようになったのです。シウマイ弁当は、シウマイだけでなくご飯もつくので、立派な食事になるということです。本当に、食生活は変わったと思います。

考えてみると、定番として長く続いている駅弁は意外と少ないものです。崎陽軒のブランドを維持するために、難しいことは何でしょうか。

野並　たとえば、シウマイ弁当の中のおかずを一つ変えるだけで、お客様から不満の声が上がってきます。鶏の唐揚げをエビフライに変えたことがあるのですが、３年で元に戻しました。あんずをサクランボに変えたこともありますが、5年で元に戻しました。それだけ、変えるということは難しいのです。

現在は玉子焼きが入っていますが、かつてはレンコンの炒め煮でした。玉子焼きには、美味しいものほど腐りやすいという難点があります。質のいい出し汁を使うほど、細菌が繁殖しやすいからです。ところが技術開発が進み、衛生的で美味しい玉子焼きができるようになりました。玉子焼きは幕の内弁当の三種の神器の一つでもあり、その実現を褒めてほしかったのですが、レンコンの炒め煮ファンから「なぜやめたのか」とまた不満の声が上がりました。ただ、玉子焼きは次第に受け入れられるようになり、結果として成功したと考えています。

シウマイ弁当はご飯も独特で、実は炊くのではなく蒸しています。鉄の釜で炊くとご飯が焦げてしまうのですが、そのおこげが捨てられるのを見た初代の社長が、もったいないと思ったことが始まりです。そこでボイラーで蒸気を焚き、木の桶で蒸して、おこげができないようにしたのです。要するにおこわの炊き方ですが、独特の粘りが出て、もちもち感があっておいしいと好評です。もち米を混ぜているのではないかと聞かれますが、本当に何も混ぜていません。

ブランドとして確立しているほど、何かを変えることは冒険です。思い切って変えれば、常連のファンから不満が出る恐れがある。変えなければ、飽きられてしまう心配がある。定番ブランドにも、悩みは尽きないのです。

その点で崎陽軒のシウマイには、飽きられないための小さな工夫があります。ひょうたん型をしている磁器製の醬油入れ「ひょうちゃん」がそれで、笑った顔や怒った顔など48種類の表情が描かれているのです。『フクちゃん』で有名だった漫画家・横山隆一さんの絵で、「ひょうちゃん」も横山さんの命名だそうです。崎陽軒ファンの間では、コレクションされるほどの人気になっています。

野並　特に横浜の方は、シウマイ弁当にうるさいのです。先のあんずひとつ取っても、途中で食べる口直しか、最後に食べるデザートか、という議論で盛り上がります。他府県の方が不思議に思うほどで、ある意味では横浜のソウルフードなのかもしれません。

実際、総務省の全国家計調査では、しゅうまいの消費金額は横浜が全国1位です。しゅうまいと餃子の消費金額を比較すると、日本中どこも餃子のほうが多いのに、横浜だけはしゅうまいが多いのです。シウマイ弁当のシウマイはその中にカウントされていないので、実際の消費金額はもっと多いはずです。

ですから、地元のお客様が大事なのです。一番うるさいけれど、味方にすると一番心強い。開業医も近所の評判を得るのが最も大変だと言われますが、地元で足元を固めていくことが非常に大切だと、我々は考えています。

グローバルな展開を目指すアサヒビールと、あえてローカルにこだわる崎陽軒。商品の性質が違うとはいえ、まったく異なる戦略で、両社は共に成功しています。

◎多角化するなら「本当の役目」は何か考えること

事業の多角化に関しては、ＳＯＭＰＯホールディングスの取り組みが参考になるでしょう。

いわゆる「3メガ損保」の一角を占めるＳＯＭＰＯホールディングスは、介護や認知症予防、サイバーセキュリティの分野に進出し、従来の損害保険の概念を大きく変えようとしています。グループとして掲げているブランドスローガンは、「安心・安全・健康のテーマパーク」。

未来への不安だけでなく、安心・安全・健康を引き受けようという哲学の転換は、どこから起きたのでしょうか。SOMPOホールディングスの櫻田謙悟社長に聞きました。

櫻田　社長になって10年ほどになりますが、ずっと疑問に思っていたことがありました。それは「お客様は誰のものか」ということです。いくら自問しても、根源的な答えが見つからない。なぜか。それは結局、お客様は誰かのものになりたくないからです。

よくお客様の囲い込みが必要だと言いますが、もし私自身が客だったら、誰からも抱え込まれたくありません。一つの銀行だけにお金を預けるつもりはないし、セカンドオピニオンが欲しいと考えるのも当たり前の話です。

ただ、自分にも真っ先に相談するファースト・コール銀行というものはある。そう考えたときに、まずお客様から見て、私たちはどう見えているのか。当たり前のことながら、そこを常に意識しなければならないと気づいたのです。

セブン&アイ・ホールディングスの鈴木敏文氏が、「真の競争相手は、絶えず変化する顧客ニーズだ」とおっしゃったことがあります。その言葉は、私に非常に響きました。お客様は本当に強敵で、最大のライバルです。不満があっても明確に言ってくれないし、こんな商品・サービスが欲しいと思っていても、明快には表現してくれません。

つまり、こちらから「あなたの欲しかったものは、これですね」とお見せできる立場になって初めて、お客様は私たちに自分の重要なものを預けてもいいという気持ちになるのです。

そのとき、保険にはどんな提案ができるのか。保険を売る人は、「ご家族に何かあったら、どうしますか」という語りかけをします。それは「まさか」のときを想定するホラーストーリーです。しかしお客様は、嫌なことは考えたくないものです。だから、我々は「保険屋」と言われてしまうのです。

そのことに気づいたのは、日本の人口減少が見えてきたときでした。保険業の成否は、人口との関数で決まります。人口が減少する中で、ずっとホラーストーリーを語るだけでいいのか。最大のライバルであるお客様のために、何をすればいいのか。

そのとき、私たちはお客様にとって嫌なことを思い起こさせるのではなく、お客様が考えたいこと、つまり、安心と安全と健康をご提供することが本当の役目だと気づいたわけです。

人口が減り、さらに自動運転やカーシェアリングが普及すると、どうなるのか。あるいは格差が拡大する中で、若者の車離れがこのまま進んだらどうなるのか。こうした状況のとき、ブルーオーシャンを見つけようとするのは当然です。すると、一見保険とは関係がないように見える介護やサイバーセキュリティが、実は根っこで保険と繋がっていた。櫻田社長には、なぜそれが見えたのでしょうか。

櫻田　どこからお話をしたらいいのかわかりませんが、まず言えることは、私は遅読家なんですね。小学校時代から、ものわかりが遅い。ただし一旦わかると、わかるのです。一度理解すると簡単には忘れないし、自分の考えを自分の言葉で話せるようになります。だから、自分より先にわかる人がいても、そんなに気にしなくていいと思っていました。

そうした中で、私が学生時代に強く関心を持った学問は、哲学と数学でした。昔から、いかに真理に近づけるかに関心があるのです。

「ものわかりが遅い」とおっしゃったので思い出したのは、五味川純平の長編小説『戦争と人間』に出てくるセリフです。

「信じるなよ、男でも、女でも、思想でも。ほんとうによくわかるまで。わかりがおそいってことは、恥じゃない。後悔しないためのたった一つの方法だ。（中略）威勢のいいことを云うやつがいたら、そいつが何をするか、よく見るんだ。お前の上に立つやつがいたら、そいつがどんな飯の食い方をするか、他の人にはどんなものの云い方をするか、ことばや、することに、裏表がありゃしないか、よく見分けるんだ。自分の納得できないことは、絶対にするな。どんな真理や理想も、手がけるやつが糞みたいなやつなら、真理も理想も糞になる」

昭和の初期、共産党に加担して治安維持法違反で逮捕されたのちに転向した青年が、弟に語りかける言葉です。

美辞麗句や大言壮語に囚われず、日頃の言動に注意せよ。こちらは、人を見抜くときの要諦とも言えます。

人でも思想でも、本当によくわかるまで信じてはいけない。ものわかりが遅いことよりも、鵜呑みにしたりわかったふりをするほうが怖い。これは、ビジネスを見極める際にも言えることでしょう。

学ぶべきこと

◎英語の発音が悪くても問題ない

ビジネスパーソンにも、勉強は欠かせません。技術革新は日進月歩で、リーダーには新たな知識やスキルが常に必要だからです。コミュニケーションの土台となる英語はもちろん、リカレント教育の重要性も考えなければいけません。

リカレント教育とは本来、フルタイムの就学とフルタイムの就業を一定期間ごとに繰り返すことを意味します。しかし日本の労働のスタイルには馴染まないので、生涯教育とか社会人の学び直しと解釈されています。

近年、その大切さが理解されるようになり、大学もたくさんの講座を設けて、積極的に社会人を受け入れるようになりました。以前は教養を身につけるような内容が中心でしたが、現在はビジネスに直結する実践的な講座が増えています。

かつて私が勤めていた外務省は、人材が豊富でした。理由のひとつは、充実した海外研修制度にあります。派遣される国にもよりますが、一人当たり2、3年の時間と

2000万円から3000万円の費用をかけ、仕事から完全に切り離して行なわれます。キャリア、専門職ともに対象で、派遣された職員はとてもよく勉強します。

海外の大学院で学ぶと、読む量も書く量も半端ではありません。ただし外務省の研修では、学位取得を奨励していません。学位が目的になれば、図書館にこもって論文を書くことが中心になるからです。本来の目的は、語学力の向上を通して、その国の文化や特性を知ることにあるのです。

だから、まずは言葉がうまくならなければいけない。それが外務省の研修です。この伝統は、第1次世界大戦後のパリ講和会議の苦い経験からスタートしたそうです。戦勝国として初めて国際会議に参加したのに、相手が何を話しているのかよくわからなかったというのです。ヴェルサイユ条約が結ばれ、日本は旧ドイツ権益の山東半島や南洋諸島の譲渡と委任統治に成功します。

しかし、**本当はもっと権益を獲りたかったのに、語学力の不足から交渉がうまくいかなかった。その反省が残っているのです。**

企業を総合力という観点で見たとき、商社の特徴は教育にあると思います。商社パーソンの使うロシア語は、勢いがあってカチッとしたいいロシア語です。商社の語学教育では、どういったところにインセンティブを持たせているのでしょうか。丸紅の國分文也会長（インタビュー当時、社長）に聞きました。

國分　基本的には実践主体です。どんなに発音がまずくても、仕事を取ってくる人は取ってくる。そこが肝心なのです。実践から離れたアカデミックな語学は必要ないと思っています。

たとえば、中国の要人に会って、非常にきれいな中国語で会話ができるということは、ひとつのバリューだとは思います。ただ、中国語でもロシア語でも、基本的には仕事ができるかどうかのほうが重要です。

外務省でも、語学力そのものより、いかに情報を取ってくるかのほうが重要です。**どうやって相手に食い込み、どれだけ友達をつくれるかがポイント。いくらきれいな言葉をしゃべれるようになっても、そこができなければダメです。**

とはいえ、私が研修指導官をやっていたとき、外国語の研修を実務に耐えるレベルに達して終える人は、２割程度でした。

海外勤務の経験が長いみずほ銀行の藤原弘治頭取は、英語をどのように身につけたのでしょうか。

藤原　現場実践の大切さを学びました。英語では苦労しましたが、語学を仕事で使えるようにする一番の方法は現地の人と話すことでしょうね。たとえば、食料市場や電器屋さんなどで値段交渉をすると、生きた英語が使えるようになります。

様々な生活シーンで実践して身につけた英語は、今でもとても役に立っています。そのせいか、『おまえの英語は交渉上手なダフ屋の英語みたいだ』と言われることがありますが（笑）。

私もまったく同じように、ダフ屋とのやり取りでロシア語力を鍛えられました。旧ソ連時代のモスクワでは、切符はダフ屋経由でしか買えなかったからです。たとえばボリショイ劇場のチケットは、1枚250円でした。国定価格なのでいつも同じですが、買うためには行列ができます。

行列で入手した人間は転売するのですが、転売は投機行為罪なので、運が悪いと半年ぐらい監獄にぶち込まれます。人を使ってたくさんのチケットをさばいて儲けると、資本主義幇助罪が加わります。これは懲役7年ぐらいですから、大罪でした。

ところがソ連が崩壊すると、何の規制もない形で国有財産のぶんどり合戦が始まりました。ソ連時代のほうが、ある種の統制がとれていたことは皮肉です。

◎リカレント教育の活用法

私は、法政大学沖縄文化研究所の所長を務めた屋嘉宗彦・名誉教授のもとで、琉球語を勉強しています。ヤマト（沖縄以外の日本）の言葉と沖縄の言葉（琉球語）は、言語学的には「リンガ・ヤポニカ（日本において話される通言語）」と呼ばれていて、日本語を究めるためには両方を習得しなければならないからです。

たとえば、琉球語には「愛する」という言葉がありません。平安時代の「愛《かな》し」という言葉をもとに、「かなしゅん」と言います。そもそも「愛し」という言葉は、外部からの力によって感情がプラス、もしくはマイナスの方向に動くことです。沖縄では、プラスの方向の意味で使われるようになったのです。このように琉球語を勉強することによって、日本語のダイバーシティがわかるわけです。

法政大学は、国際日本学研究所でアイヌ民族に関する研究も行なっています。こうした多方面の研究こそ大学の強みであり、社会人になっても大学で勉強できることに意味があります。

私は、母校である同志社大学神学部の客員教授として、社会人向けの講座も持っています。同志社の松岡敬学長（当時）と、リカレント教育の意義と方向性について語りました。

松岡　同志社大学は総合大学ですから、いろいろな教育プログラムを提供することが可能です。しかし、夏休み期間の1カ月だけ、どうぞ学んでくださいといった教育プログラムでは意味がないと思っています。

社会で活躍している方々は、自分が直面する問題点を見抜いているはずです。「これを学びたい、こういう研究をしたい。その成果を仕事や社会に活かしていきたい」という思いがあるはずです。具体的には実務レベルであったり、将来のステップアップであったりと様々でしょうが、しっかりした学習意識をもった方々に、同志社大学で学んでいただきたいのです。

私が見たところ、同志社はリカレント教育に関して2つの取り組みを行なっています。ひとつは、メインのキャンパスがある京都における取り組みです。

今、日本のビジネスパーソンが国際的に活躍するとき悩んでいるのは、低学歴の問題です。学部卒の学士号だけで活躍している人は、海外ではほとんどいません。最低でも修士は持っているものです。

日本の場合、4年制大学を卒業したあとに、働きながら修士号を取りたいと思っても、難しいのが現実です。博士号は、極端に言えば研究機関で働きながら業績を上げ、論文を書けば取れます。しかし修士号は、学校に通い、細かい指導を受けながら論文を書かなければ、取れないからです。

そこで同志社では、社会人が修士を取れるコースを設けています。総合政策学部には、本来2年で終えるところを、社会人が6年までかけて修士を取れるコースがあります。2年分の学費を、6年割で払うわけです。この長期履修の制度は、ほかの学部にも広げるべきだと思います。

もうひとつの取り組みは、東京と大阪に持っているサテライト・キャンパスを使って講座を開いていることです。

日本でプロテスタント神学を教えている総合大学は、同志社と関西学院と西南学院だけです。関東にはありません。ですから私は、東京のサテライト・キャンパスで神学の講座を持っています。定員は100人ですが、募集をかけると毎年すぐいっぱいになってしまいます。同志社の卒業生である作家の中村うさぎさんと組んでカフカの『城』を読むプログラムも、東京のサテライト・キャンパスで開いています。

どちらの授業でも、遠隔講義システムを用いて、受講生との双方向性を重視します。神学の授業では、京都にいる神学部の学生にも参加してもらいます。東京には神学的な研鑽を積んでいる社会人の受講生はほとんどいませんから、同志社の神学生たちの協力が必要です。同じようにカフカを本格的に読むなら、文学や哲学や歴史、あるいは宗教を勉強している人が、ギャラリーとして必要なのです。

東京サテライトと京都をつなげられるように、ドイツのテュービンゲン大学内にある同志社のEUキャンパスも、サテライトでつなぐことができます。テュービンゲンで行なっている講義に、京都の今出川や京田辺のキャンパスから、あるいは東京から中継で参加できるのです。

私は年に20回ぐらい同志社へ行きますが、フェース・トゥ・フェースで教えて人間関係ができている学生だと、遠隔になってもその延長が可能です。しかし遠隔だけでは、決して親しくなりません。

やはり、リアルな接触はとても重要です。裏返して言えば、EUキャンパスへ行ってフェース・トゥ・フェースの講義を3カ月なり受けて来れば、そのあと3年でも4年でも関係が続くわけです。

松岡　教育の基本がフェース・トゥ・フェースにあることは、間違いありません。しかし遠隔講義を積極的に組み込み、ＥＵキャンパスとの双方向講義を展開しなければ、せっかくヨーロッパとつながっている意味がありません。

今後の大学がなすべきは、学識を身につける教育だけでなく、社会に役立つ人物を養成する大学に変わることだと思っています。新しい教育プログラムや、そのプログラムから生み出される新しいコンセプトを基に、想像力や創造力の豊かな人物を送り出す。その部分で社会から注目してもらうことが、同志社大学が取り組もうとしているリカレント教育だと感じています。

リカレント教育を大々的に打ち出して株式会社化し、丸の内に多くの人数を集めて講義を行なう大学もあります。しかし同志社は、そういう方向をとっていません。ビジネスをベースとした形での商業講座にはせず、受講者の人数も絞り込んで、人間関係を構築できる範囲で実施しています。

◎私の時間管理術６大ルール

仕事と両立して学び直しもしようとするのであれば、時間やスケジュールを効率よく管理することが欠かせません。

ここで、私の時間管理術と勉強法を公開します。取材や原稿執筆、インプットの時間をどんなふうに組んでいるのか、ご紹介しましょう。

1．情報はすべて1冊のノートに

1カ月のスケジュールは、コクヨのキャンパスノートに書き込んで管理しています。使うのは、1カ月につき見開きの2ページです。見開きの左側に原稿の締め切りを書き、右側にはアポの予定を書き込みます。ノートを見開きで使うのは、締め切りを睨みながらアポを入れるからです。たとえば、左側を見てたくさんの締め切りが重なっている日は、物理的にアポを入れることができません。

ノートは1〜2カ月で1冊を使い切りますが、スケジュール管理ページは4カ月分用意します。たとえば5、6月に使うノートなら、5〜8月分まで締め切りやアポの予定を書き込みます。直近だけでなく2〜3カ月先まで書き込んでおけば、先を見据えた管理ができるからです。

予定はデジタルで管理したほうが、効率的だという人もいます。私もそう考えて試した時期があったのですが、かえって時間がかかって、効率が落ちてしまいました。チームでスケジュールを共有しなければいけない立場の人には、デジタルが便利かもしれません。私のように個人で完結して仕事をしていると、予定の共有は必要ないのです。

スケジュール管理以外のページには、あらゆる情報を書き込んでいます。メインはその日にあった出来事の記録です（詳細はポイント3で後述）。そのほか、今日やらなくてはいけない仕事のリストや、移動中などにふっと思いついたアイデアを書き入れたりもします。ロシア語の練習帳として使うこともあります。日々発生するあらゆるメモを、このノート1冊に書き込むイメージです。

実はメモの検索も、アナログのほうが速くできます。いわゆるビッグデータになればデジタルのほうが情報検索は有利ですが、仕事をする上で遡って読むメモは、せいぜい100日前まで。その量なら、アナログで十分です。

とはいえ、デジタルツールを頭から否定するつもりはありません。私もDropboxに単行本のゲラを入れたり、名刺や紙の資料をスキャンしてEvernoteで保管しているからです。**大切なのは、DropboxやEvernoteを資料のゴミ箱にしないこと。デジタルツールは物理的な限界がなく情報を貯め込むことができますが、後で使わない情報をとっておいても意味はありません。**自分が消化できる情報容量を考えた上で、入れる情報の取捨選択をすべきです。

2．スケジュールは2年手帳に

アポの日程などの具体的な情報は、手帳で別に管理しています。未来のことは手帳に書き込み、終わった予定をノートに記録するイメージです。

ノートと手帳を併用するのは、手帳は記録に向いていないからです。たとえばA氏とアポがあったのに、相手がドタキャンしたとしましょう。10年後、A氏とのアポがキャンセルになったという情報を使う可能性があるので、どこかに記録は必要です。しかし、記録を手帳に書き込んでいたら、膨大な情報の中に予定情報が埋もれてしまいます。そこで**手帳は未来の予定、ノートはそれ以外の記録すべてと使い分けているのです。**

私が使っているのは、博文館新社の2年手帳です。1年手帳は翌年の3月くらいまでしか予定を書く欄がないため、年の後半に入ると1年先の予定を書き込めなくなります。一方、2年手帳を1年交代で使えば、年末になっても翌年末の予定を書き込めるからです。

中長期の夢や目標を手帳に書く人もいるそうですが、それはどうでしょうか。夢や目標は、基本的に自分の頭の中に刻み込まれているはずです。手帳は覚えていられないものを補完的に記録するためのツールであり、頭の中に明確に存在しているものをあえて書く意味はありません。そもそも書かなければ達成できない夢や目標は、おそらくどこかに無理や嘘があります。設定から見直したほうがいいのではないでしょうか。

3．1日を振り返り、記録する

ノートにメインで書き込むのは、その日に起きた出来事です。書き込む事柄は仕事に限りません。朝何時に起きて何をして、誰と会い、どのような話をしたのかということを、仕事、プライベートに関係なく事細かに書いていきます。

行動記録を残す意味は、2つあります。ひとつは、情報のインデックスにするため。時系列で残しておくと、あとで過去の情報が必要になったとき、自分の行動記録が手がかりになって関連情報を引き出しやすくなるからです。**私がノート1冊に行動記録を集約させているのも、情報に効率よくたどり着くためです。**

実を言うと、外務省時代は自分の行動記録をつける習慣がありませんでした。秘密の仕事をしていると、記録をつけることがリスクになるからです。しかし作家業では、記録があることが大きな武器になります。私が自分の行動記録をつけるようになったのは、東京拘置所に入って何もすることがなかったからですが、おかげでとてもいい習慣が身につきました。

かつての私がそうだったように、みなさんの中にも、自分の行動を記録しても仕事に役に立たないと思う人がいるかもしれません。それでも、毎日の行動をノートに書き込むことはムダになりません。**1日を振り返ることで、不要な仕事の存在や非効率な時間の使い方を把握できるという2つ目の効果が生まれるから**です。

仕事が立て込んでくると、終わった仕事のことは忘れて早く次へ進みたいと考える人がほとんどでしょう。しかしそれでは、いつまで経っても時間の使い方が上達しません。忙しくても必ず1日を振り返り、どこかにムダはなかったかとチェックしてこそ、時間の使い方は上手くなっていくのです。

ムダをあぶり出すには、行動を書き出して可視化することが大切です。無意識のうちにやっているムダは、頭の中で考えるだけではムダと認識できないものです。**1日の行動を具体的に書くことで、改善の余地があることを客観視できるようになるでしょう。**

4．1日4時間はインプットを

私はショートスリーパーで、昔から長い時間の睡眠を必要としない体質です。それでも限界はあります。限られた時間の中で最高のアウトプットをしようと思えば、時間あたりの生産性を高めていくしかありません。

原稿を書くのに適しているのは、夜より朝です。夜はどうも感情的になりやすく、原稿が荒れてしまいます。あえて攻撃的なものを書きたいときは別ですが、基本的には朝書いたほうが質のいいものができます。

原稿は、集中力に任せて書けるところまで書きます。集中力の続く時間は日によって違いますが、少なくても3～4時間は机に向かい続けます。調子が良ければ、そのまま10時間以上書き続けることもあります。

集中力が途切れたら、飼っている猫と遊ぶか、外に出て喫茶店へ行きます。喫茶店ではコーヒーを飲みながら読書したり、語学の練習や数学の問題を解いたりすることが多いです。インプットの時間は1日4時間以上、意識的につくっています。

インプットの時間に、今日明日に書く原稿の資料を読むことはありません。読むのは、半年後に社会の関心を集めるだろうと睨んだテーマに関連する本です。

午後から夕方は、人とのアポに充てます。アポの件数は月によって異なりますが、ほぼ40件くらい。

1件につき3人ほどと会うので、月120～130人と話をする計算です。ただし初めて会う人は、このうち1割もいません。

50代に入ってから新しい人と出会っても、得られるものはほとんどありません。それよりも、いままで培ってきた人脈を掘り下げて人間関係を熟成させたほうがいい。いい年齢になってからも人脈開拓に夢中になっている人もいますが、それはこれまでろくな人脈を築いてこなかったことの裏返しです。営業職に就いているような人は別にして、ある程度の年齢になってから新しい人脈を開拓するのは、時間のムダだと心得るべきでしょう。

5．明日できることは今日やらない

大量の仕事をこなすには、なるべく前倒しで手をつけることが重要だと考えている人は多いでしょう。しかしその発想が、かえって時間管理を難しくしている場合もあります。**「明日できることも今日やったほうがいい」という意識が強いと、いまやるべき緊急の仕事と、明日やっても間に合う仕事の区別が曖昧になってきます。**その結果、本来なら「先送りしてもいい仕事」まで「いまやるべき仕事」に見えてきて、「目の前にこんなにたくさんの仕事がある。どうしよう」とパニックになってしまうのです。

大切なのは、「明日できることは今日やらない」という意識を持つことです。発想を切り替えることで、仕事の緊急度を冷静に判断できるようになります。緊急度がわかれば、効率的に片づけるための段取りも見えてきます。結果的に、何でも前倒しでやろうとして慌てるより、仕事が早く処理できるようになります。

そもそも仕事には、それをやるのに適切なタイミングがあるものです。私は原稿がどんなに重なっても、基本的に締め切り当日に書きます。週刊誌や新聞の原稿を前もって書いておくと、テーマが古くなる恐れがあるからです。

毎朝4時50分に起き、5時に更新される新聞のサイトを真っ先にチェックするのも、最新のテーマで書きたいからです。目を通すのは、朝日、毎日、日経、産経、東京、琉球新報、沖縄タイムス、聖教、ウォール・ストリート・ジャーナル。それらを読んだ後、原稿のテーマを最終決定します。

その結果、前日まで考えていたテーマを変えるケースもよくあります。土壇場で変更するのは手間ですが、古くなった原稿を出すよりずっといいのです。

綱渡りで仕事するのはリスクが高い、という声もあるでしょう。しかしたとえ綱渡りでも、落ちなければ問題はありません。綱から落ちた場合に備えてスケジュールにバッファを多めに入れる人もいますが、入れすぎると緊張感が失われるリスクがあります。

むしろ予定を詰め込んでギリギリの状況に自分を追い込んだほうが、いい仕事ができるのです。

6．足りない時間はお金で買う

グローバルな環境での活躍を目指して語学を身につけたいが、忙しくてなかなか時間をかけられないという悩みをよく聞きます。ビジネスパーソンは、学生のように大量の時間を割くことは難しいものです。外国語をマスターするにしても、短時間で成果を出す勉強法を実践する必要があるでしょう。

効率的に外国語を身につけたければ、お金を払ってスクールに通うことが最低条件です。理想はマンツーマンのスクールで、先生はネイティブであるだけでなく、トップクラスの教育を受けていることが望ましい。そうなると先生にふさわしい人材は限られ、料金も跳ね上がりますが、それでもかまいません。学習にかけられる時間に限りがあるのですから、足りない時間はお金で買うしかないのです。

私は、チェコ語を週に1時間15分習っています。チェコ出身の宗教改革者ヤン・フスの『教会について』は英訳がありますが、古くて間違いが多く、改めて原著で読みたいと思ったことがきっかけです。いま日本で、中級レベル以上のチェコ語を教えられる人は5人ほどしかいません。何とかその中の1人に家庭教師になってもらい、1時間1万円の授業料を払っています。通訳の仕事をすれば1時間で3万円取るプロフェッショナルなので、1万円は安いくらいです。

気をつけたいのは、いい先生がいても個人契約でやらないことです。契約はスクールを通して結び、場所も自宅や喫茶店などのカジュアルな場所でなく、教室を使うことが大切です。友達感覚で教えてもらっても効果は薄いのです。緊張関係を持って学んだほうが、何事も上達は早いと言えます。

社会情勢を見極める

◎極端に変動しやすくなった国際情勢

世の中の動きを抜きにして、ビジネスは成り立ちません。どれほど優れた商品やサービスも、ニーズがなければ受け入れてもらえないのです。ビジネスチャンスは、政治や社会情勢や国際情勢と、密接にあるいは緩やかに結びついています。したがってリーダーには、時勢を的確に見抜く力が問われます。

2015年に、アメリカ、フランス、ドイツ、イギリス、ロシア、中国とイランの間で核問題に関する合意が得られたとき、「これでイランへのビジネスチャンスが広がる」と世界の誰もが考えました。商社で働く私の友人たちも、テヘランへ赴任して行きました。金融制裁や原油取引の制限などが緩和されたため、日本企業も大きな期待を抱いたのです。

ところが18年に突然、アメリカのトランプ大統領が核合意を離脱して制裁を再開すると決めました。日本の商社などは、たちまちパニックを起こしました。このように、政治的なカントリーリスクは常に生じる可能性があります。特にトランプ大統領の登場以後、国際情勢は極端に変動しやすくなりました。

また、外国にはそれぞれお国柄があることも知る必要があります。たとえばロシアや中央アジアでビジネスをすると、ある段階から何人かのキーパーソンが出張ってきます。別にその人たちと仲良くしなくてもいいのですが、ケンカは絶対にいけません。極度に理不尽な要求はしてこないものの、ビジネスにたくさんの人が介入してくるのは中央アジアの国々の掟のようなものなのです。

◎電気自動車がテロの資金源を挫く

私は1988年から95年まで、モスクワの日本大使館に勤務しました。その間、企業のビジネスが国際政治に影響を及ぼすと実感したことが、何度もあります。

ロシアの日本専門家の間では、日本の製品が人気でした。ビールなら、アサヒのスーパードライです。アサヒビールは、ヨーロッパをはじめ積極的に海外展開をしています。ロシアでも、プーチン大統領の故郷サンクトペテルブルクにあるバルチカという大手ビールメーカーが、スーパードライをライセンス生産していた時期があるそうです。

モスクワに住む日本人は、日産自動車の車を好んでいました。日本の小さい商社を通じて、現地のサービスステーションで整備ができるようになっていたからです。外交官もビジネスマンも新聞社の特派員も、日産車でした。私が人生で初めて買った車も、モスクワで乗った日産パルサーです。結果的に、モスクワでも日本車が走っていることを、当時のソビエトでアピールできたわけです。

1991（平成3）年にソ連が崩壊したあと、モスクワでもレンタカー事業が始まりました。ロシアの企業が最初に導入した車は、日産のサニーでした。サニーの快適な乗り心地が広く知られたことで、日本の国としてのイメージは大きく向上しました。

政治的には関係の難しい国であっても、民間企業の活動がその国の国民の生活をよくすることによって、困難な関係性を少しずつでも変えていける。そのことを、ソビエトからロシアへ移る時代に実感しました。日本車や、日本で造られた半導体を使った電気製品が世界で使われることは、世界の国々と日本との関係を良好にする上で大きな意味があります。グローバルなビジネスが広がっていくことは、国際政治の安定にも繋がります。

欧州各国は、2030年から遅くとも40年までに、ガソリン車とディーゼル車の販売禁止を打ち出しています。電気自動車（EV）の時代が、そこまで来ています。

この取り組みは、人々の生活だけでなく、国際政治にも大きく貢献するでしょう。このことを指摘している人は世界でもほとんどいませんが、国際テロリズムとの戦いにおいてです。現在の世界は中東の石油に依存しており、資金が中東へ過剰に流れることがテロの源泉になってきました。しかし、**電気自動車技術の進展によって石油に依存しない世界が生まれることで、テロの資金源を挫くことができるのです。**

◎生活保守主義の浸透で注目される介護職

バブル崩壊後が就職の時期に当たったのが、「失われた世代（ロスジェネ）」と呼ばれるアラフォー世代です。この世代が親たちを介護する年齢に近づいてきましたが、ニートになっている人も少なくなく、総合研究開発機構（ＮＩＲＡ）などの試算によれば、親が亡くなった後に１００万人を超える生活保護受給対象者が発生すると予想されています。

この世代向けにヒットしたＴＶドラマに共通しているのは、生活保守主義です。『逃げるは恥だが役に立つ』（２０１６年・ＴＢＳ）で描かれた、契約結婚がそうでした。『東京タラレバ娘』（２０１７年・日本テレビ）も、「二番目の女で納まっても、いいことは何もない。早く結婚すべきだ」というメッセージを含んでいます。パートナーを摑むか、何らかのセーフティーネットがない限り、悲惨な将来が待っている恐れがあるのです。

2020(令和2)年、5月に『逃げ恥』の特別編、10月に『東京タラレバ娘』のスペシャルが、それぞれ放送されました。生活保守主義が、ロスジェネにますます浸透していることの裏付けではないでしょうか。

これから先、キャリアに関係なく携わることができる仕事の一つは、介護になってきます。介護には人間的なケアが必要になるため、AIに取って代わられることもありません。介護事業に進出しているSOMPOホールディングスの櫻田謙悟社長も、この点で同じ意見でした。

櫻田　わが社の顧問を務める米バブソン大学のトーマス・H・ダベンポート教授は、シンギュラリティ(AIが人間の知能を超える技術的特異点)が起きるかどうかは問題ではないと言っています。大事なことは、どんなにAIが進んでも人間の居場所は必ずあり、そこを意識しながら、自分のスキルを再構築すればいい。そのとき最も大事な能力とは、コミュニケーション能力だと指摘しています。

私はそれを聞いてハッとしました。AIが24時間働いて得た結果をお客様に伝えるときは、人間が必要になる。つまりインターフェース(接続部分)の力を上げることが大事だと思ったのです。

シンギュラリティに関して言えば、ＡＩが自らの能力によって爆発的に拡散していくという世界は、おそらくやってこないと思います。シンギュラリティがいずれ到来すると主張しているのは、主に生物系か工学系、医学系の人たちです。数学系の人たちは、そうは言っていません。ＡＩは数学の考え方を大本にしています。その根っこの人たちが言わないことが起こるはずがない、というのが私の見方です。

ただし暗算の能力なら、人間はもうＡＩに勝てません。これからＡＩが本格的に社会に浸透していく中で、社会が確実に変わっていくことは間違いありません。

◎自動運転はどこまで広がるか

ＡＩの発達によって自動運転が普及し始め、「3人の子どもの命を助けるために、1人の老人を犠牲にすることは許されるか？」という倫理学の古典的な思考実験「トロッコ問題」が、現実味を帯びて問われるようになりました。事故の発生率と、普及の速度との兼ね合いをどうするのか。答えはまだ出ていません。

櫻田　自動運転について是か非かと言えば、私は賛成の立場です。公共交通が十分ではない山間部や農村地帯では、積極的に使うべきだと思っています。しかし10年後、半分が人間による運転、半分がAIによる自動運転になっているかと言えば、そうはなっていないでしょう。

人間が想定外の動きをしたとき、AIがどこまで対応できるのかという問題があるからです。**たった一人のドライバーが、機械ではありえないような暴走をした場合、AIによる自動運転車は対応できず、何台も巻き込んだ大事故を引き起こす可能性があります。**往来するすべての車が自動運転にならない限り、そうしたリスクがあるのです。

それでも社会が自動運転を受容するか否かが、鍵を握るでしょう。加えて、日本固有の事情もあります。もし日本のすべての自動車メーカーが自動運転に適しているEVにシフトすれば、部品メーカーは大きな打撃を受ける可能性があります。日本の輸出品の第1位は自動車ですから、国内の産業構造全体に変化をもたらすのです。

◎GAFAが滅ぶ日は遠からず来る

『AI vs. 教科書が読めない子どもたち』『AIに負けない子どもを育てる』の著者であ

る国立情報学研究所の新井紀子教授は、ものごころがついたときから目の前にスマホやタブレットがある子どもたちを「AIネイティブ」と名付けています（P59参照）。無意識のうちにAIに従って生きていくであろう、未知の世代の登場です。

新井　一定の価値観の中で純粋培養で育ってしまうことが、AIネイティブの問題点のひとつでもあります。GAFA（グーグル、アップル、フェイスブック、アマゾン）は明らかに、自分たちのサービスを消費してくれるAIネイティブになってほしいと思っているからです。

しかしそのことがまさに、リバタリアン（完全自由主義者）による資本主義が、これ以上長続きしなくなる理由でもあるのです。資本主義というものは細く長く搾取することに意味があり、いまのように一気に搾取してしまうと人材が駄目になって、資本主義が終わってしまう。最近そんなことを、ヘッジファンドの有力者たちが言い始めています。

それはある意味、リバタリアンやGAFAが世界のリスクになっているという認識だと思うのです。今はGAFAが滅びるなんて誰も言いませんが、私はGAFAが滅ぶ日は遠からず来ると考えています。

ＧＡＦＡが提供するものは、普通の資本主義、つまり、生産物を売り買いするという正常系の経済学的な資本主義から考えると、ありえない話なのです。そもそも全然モノを売っていないのに、我々をずっとスマホ漬けにして、搾取してきます。

自己承認欲求や自己愛を心理学的にうまく操作されながら、消費者はずっとタダ働きをさせられて、わけのわからない消費をさせられてしまう。それはどう考えても、資本主義にとってメリットがあるとは思えません。どこかでやめなければならないのです。

世界の有力者は資本主義を延命させるためにも、ＧＡＦＡを滅ぼさなければいけないと思っているはずです。このことをよく理解しているリーダーは、フランスのマクロン大統領とカナダのトルドー首相です。特にマクロンは、本当に微に入り細に入りわかっている。それこそ、哲学や数学といった文理の教養を重視するグランゼコール（フランスのエリート教育機関）の偉さだと思います。国民国家を守るために、どうやってこうしたテクノロジーを制御するのか。そんな難しい課題にまじめに向かい合っているのは、マクロンだけでしょう。

少し別の切り口から見ると、私はマルクス経済学をもう１回見直さなければならないと思っています。マルクスの『資本論』研究の第一人者である宇野弘蔵は、資本主義社会は、労働力を商品化させることで、あたかも永続的に繰り返すがごときシステムとなると言います。そのためにも、3つの要素が賃金の中に含まれている必要がある。

まず1番目は、食費、服代、家賃、ちょっとしたレジャーといった、労働するためのエネルギーを蓄えるためのお金。2番目は、次の世代の労働者をつくり出すためにパートナーを見つけたり、家族を養ったりするのに必要なお金。3番目は、技術革新に対応するための自己学習のためのお金。

資本主義を持続的に発展させていくための秘訣はそこにあるわけで、賃金が極端に下がり、この3つの要素を満たせなくなれば、プロレタリアート（賃金労働者階級）が成り立たなくなり、資本主義も成り立たなくなります。

新井　マルクスのその考え方は非常に普遍性が高くて、まさに資本主義をどうすれば持続できるかがわかります。具体的な例を申し上げると、私の周りでも、多くの大学生が修士を出るまでに600万円くらいの借金をしています。もし大学院生の男女が結婚したら、その瞬間に合わせて1000万円以上の借金ができることになる。20代で1000万円以上の借金があったら、子どもなんて怖くてつくれません。しかも仕事が非常に不安定な状況で、稼げる見込みもないのです。

では、お金を稼げないそうした人たちが今、何を言い始めているのか。「結婚すること、子どもをつくること、家や車を持つことのコストだけで、1億円くらいかかる。しかし全部あきらめれば、このコストからフリーになれる」と言っているのです。それをプロレタリアートに言われたら、資本主義は終わります。それはもう国民国家の終わりですよ。これはある意味で革命なんだな、と思います。

本来、学費のためにそんな大金を貸し付けるなど、あってはならないことです。バブル時の不良債権のようです。

労働して報酬を得て消費することを放棄するという宣言は、プロレタリアートではなくなるという意味です。 家族や家や車を、「持てないのではなく、持たない。これは主体的な選択なのだ」。そのように言えば、プライドを満足させることができます。

新井教授の言う「革命」を一番よく表しているのは、女性作家による文学作品です。柚木麻子さんの『伊藤くん A to E』や、村田沙耶香さんの『コンビニ人間』、窪美澄さんの『アカガミ』などは、非常にリアルにその気分を表しています。

新井　1980年前後に生まれた彼女たちの世代が、一番ひどい目に遭っているからでしょう。『ポトスライムの舟』で芥川賞を受賞した津村記久子さんもそうです。現代のプロレタリアート文学は『蟹工船』ではなくて、『ポトスライムの舟』なのです。

こういう文学が日本でも次々に出てくるくらい、GAFAによってとてつもない搾取が行なわれている。おそらく最も大きな危機に直面しているのが、国民国家です。将来的に人口減少は進み、富の再配分も成り立たなくなるでしょう。しかしそれを、国民国家は阻むことができないのです。

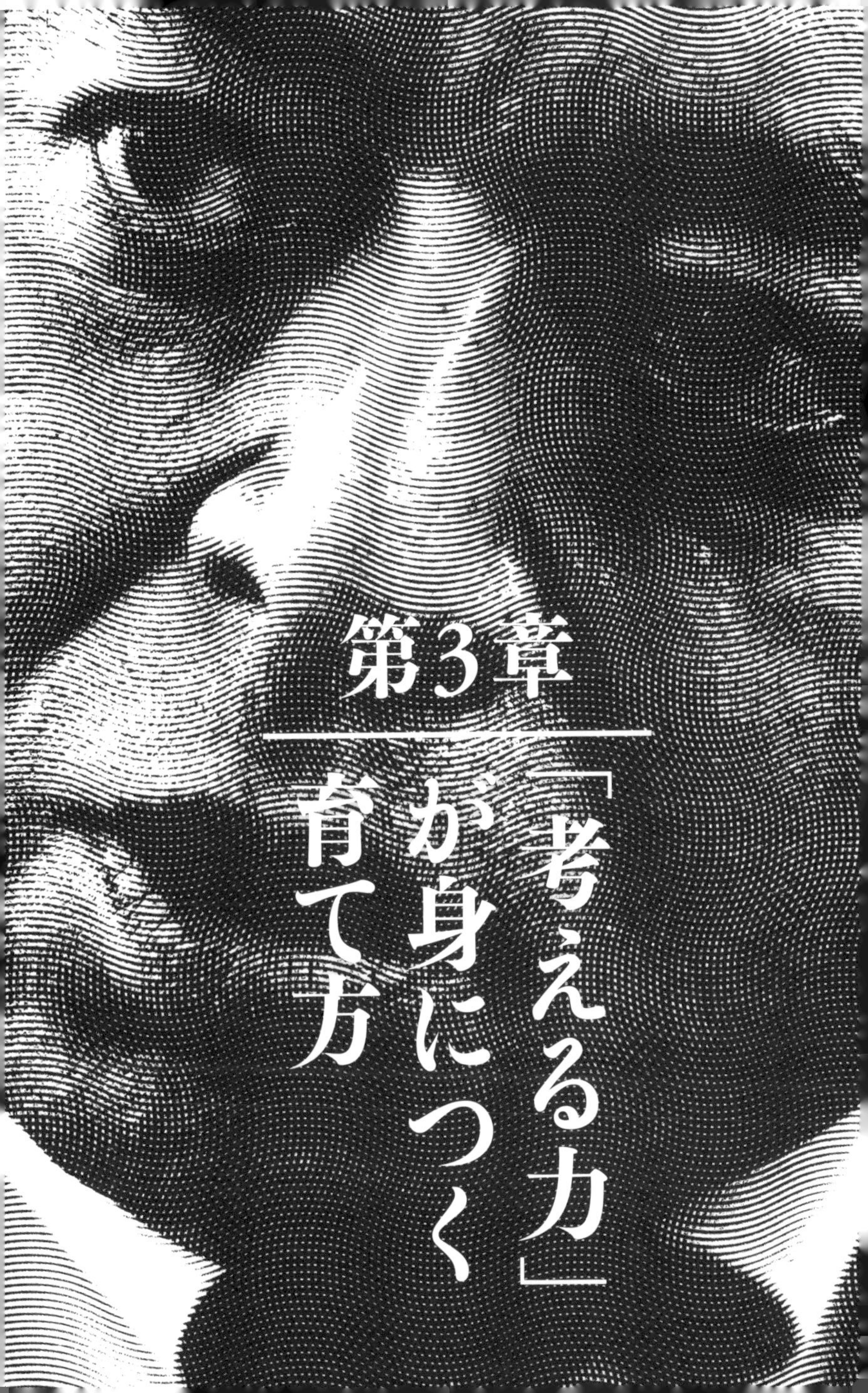

第3章

「考える力」が身につく育て方

家庭教育がカギになる

◎お金は「貯め方」でなく「使い方」を教える

我々の世代は若い頃、ある程度の幻想を持って大企業や官庁に入り、それがバブル崩壊とグローバリゼーションの中で崩れる経験をしました。一億総中流と言われたのも今は昔。今後も日本の社会では、格差が拡大し続けるでしょう。現在のトップ企業が20年後も同じステータスにある保証など、まったくありません。

これからの子どもたちは、安定した将来が保証されない時代を生きなければならない世代です。どんな状況に置かれても、自分の力で生き残れる力を身につけなければいけないのです。

この章では、親が子どもに与える基礎的な教育と、高等教育のあるべき姿について考えます。

家庭ではまず第一に、やってはいけないことを教えなければなりません。人に危害を加えることは絶対にいけないと覚えさせるには、小動物と暮らすのがいいと思います。

言うことをきかない動物を無理に引っ張り回そうとしたら、「動物だって痛いんだよ」と諭すのです。虫を飼うのでも子どもに面倒を見させ、生き物はおもちゃではなく、きちんと世話をしなければ死ぬことを教えます。いずれにせよ、動物も虫も先に寿命がきますから、死を実感させることが重要です。

祖父や祖母が亡くなったときも、なるべく葬儀に連れて行き、お骨をあげるときは立ち会わせて、自分も含めて永遠の命はないことを教えなければいけません。

学校で教えてくれないことに、お金の教育もあります。貯め方ではなく、使い方が重要です。**たとえば1000円をどう使うか、小学校1年生くらいから教えるべきです。**

新しいゲームソフトを買うために貯金してもいいし、新刊の本やマンガを買ってもかまいません。しばらく経てば古本になって安くなるという価格原理を知ることにも、意味があります。

お金を貯めることを教えるのは、むしろ危険です。貯め込むというのは、欲望を肥大化させることだからです。たくさん貯めれば将来的にどんな欲望でも実現できると考えると、守銭奴になりかねません。守銭奴というのは、ケチで欲望が少ないのではなく、欲望が無限大だから金を貯めていくのです。

お金は、自分にとっての効用を最大にする目的で使うものです。動物園へ行って、エサを買って動物にあげて喜んでいるのは、ムダ金ではありません。動物のためという気持ちは人のためにつながるし、将来的に他人のためを考えて行動する人間になることはプラスです。

ダメなのは、人にばらまく使い方です。公園で見ていると、友だちの分までジュースを買ってきて、「はい、あげる」と渡している子がいます。これは、モノを経由して人間関係を作り、相手を支配しようとする姿勢につながりかねません。

これからの時代、大問題は、スマートフォンやタブレットをどう使わせるかです。スマホやタブレットから得る情報は、受動的です。自分で選んでいると思っていても、「次、これはどうですか」と勧めてくるアイコンに触れるだけなので、情報が定向進化してしまうのです。こうした習慣がついた子どもは、前述した新井紀子教授が憂えている「AIネイティブ」になってしまいます。

そこで、子どもの教育に私が勧めたいのは、紙の百科事典を通読することです。普通のビジネスパーソンには広辞苑を最初から最後まで読み通すことがおすすめですが、子どもには百科事典です。私は中学から高校にかけて、全33巻の平凡社の世界大百科事典を読み通しました。最近、当時のバージョンが欲しくなってメルカリで買いましたが、内容をかなり覚えていました。専門的な事項を取り上げていても、内容は高校生に理解できるレベルで書いてあります。

百科事典は英語で「エンサイクロペディア」。その語源は、古代ギリシャ語で「円環をなしている知」。転じて「完全な教育」という意味です。印刷された百科事典を端から端まで全部読むことは、円環としての体系知をつかむ上でとても役立ちます。

昔と比べ、高校で文科系と理科系の選択が早くなりました。そのため、高校レベルで学ぶべき知識が欠損したまま、社会に出てしまう人が増えました。これは逆にチャンスです。欠損を早く埋めておけば、優位性があるからです。

◎保育園に入れる意義

又吉直樹さんの『火花』がベストセラーになって芥川賞を取ったとき、若い編集者たちが口を揃えて語ったことが忘れられません。

「オジサン世代は『お笑い芸人がこれだけの小説を書いた』と驚いていますけど、ずれてますよ。お笑い芸人って、僕らの世代ではヒーローなんです。人を笑わせられるというのは、コミュニケーション能力が高いわけですから。40代後半以降の編集者は、それがわかっていませんね」

なるほどと思いました。昔は、おちゃらけ者というのはスクールカーストの下のほうにいました。おどけることで先生や強い者の攻撃を逃れたイメージですが、いまは違います。**勉強や運動ができる子ではなく、コミュニケーション能力の高い子がスクールカーストの上位に君臨するのです。**昔はコミュニケーション能力が低くても、成績やスポーツで切り抜けられたものですが、時代は変わったわけです。

そのため、家庭教育のウェイトが非常に高くなっています。最近の学校の先生は、基本的に生徒を叱りません。コミュニケーション能力を身につけさせるのは、自ずと家庭の務めになるからです。したがってまず大切なのは、他人に害を及ぼしたとき、子どもをきっちり叱ることです。

さらに、いろいろな人の中へ連れて行って、対人能力を身につけさせることが欠かせません。早くから保育園などの集団に入れて、同世代との付き合い方を学ばせるのもいいでしょう。コロナ禍でなかなか難しくなりましたが、外国へ行かせるのはお勧めです。語学を学ぶための留学ではなく、異質な人と出会ってコミュニケーションを図る力を身につけるためです。

子どもには、いろいろな可能性があります。それは、子ども自身のもともと持っている資質と、環境の両方がもたらすものです。音楽、スポーツ、将棋などは、日本の社会で早期エリート教育が承認されています。同じ才能があっても、そのあとの環境を準備できるかどうかが大切で、その環境を整えるにはお金もかかります。

「この子は絶対音感をもっているから、バイオリニストにしたい」と思えば、恐らく3歳くらいからきちんとした先生をつけなければいけません。将棋にしても、我流で勝っているだけだと詰め将棋のプロにはなれるかもしれませんが、プロの棋士は無理です。制度化された世界へ入っていくためには、それなりの準備が必要です。

商社員になりたいとか、ジャーナリズムで活躍したいなど、将来の仕事について具体的な希望があれば、中学や高校の早い時期から、その仕事について正確な知識を持っている人を探して、話を聞かせておくといいでしょう。

ただし人には、能力の問題と別に適性の問題もあります。政治家になって人を率いたり、巨大企業を率いていく適性を持つ人もいれば、商店街のまとめ役に適性のある人もいます。ベストセラー雑誌の編集長が、出版社の社長に上り詰めて経営手腕を発揮できるかというと、これも別です。適性のない場所に身を置くと、だいたいの人は不幸になります。

子どもの適性を見ながら、子どもをいかなる環境で育て、いかなる教育を与えるか。

これは、あらゆる時代において親の悩みの種だと思います。日本の学校教育の枠組みの中で、子どもに、少なくとも「中の上」、あわよくば「頭抜けた力」をつけさせる学習方法とはどんなものでしょうか。

◎人生の代理経験をたくさんさせよ

日本の夫婦・親子関係は、構造的危機にあります。崖っぷちにいる親たちの次の世代は確実に崖下に落ちることが明白、という歪んだ社会構造に陥っているのです。

それを端的に示すのが、子どもの教育費です。ある程度の生涯所得を保証するための教育費の金額が、桁違いになっているのです。

いわゆるグローバルエリートのチケットを手にするには、博士号かMBA（経営学修士）の取得が最低限の条件ですが、東京大学が始めたビジネススクールは受講料約500万円。アメリカのハーバード大学やスタンフォード大学では、MBAを取るのに年に7万~8万ドルかかります。加えて今後日本が置かれるであろう状況を考えると、英語と中国語プラスアルファの技能が必須。これでは、子どもが30歳になるまで面倒を見なければなりません。

そうなると、子ども2人をエリートに育てるには、年収2500万円はないと難しい。

もちろん、そんな稼ぎなどない親が大半です。かつての中間層がいなくなった日本では、次世代の子どものうち飛び抜けた一握りのエリートを除く大半が、北京や上海を除く中国の中堅都市程度の生活水準・社会保障水準に収斂していくでしょう。

子どもに十分な教育を「与える」ことができない。中途半端に金をかけても結局は〝上〟へ行けず無駄になりかねないし、将来も保障されない。これは異常なことです。こうした状況に陥った国家は通常、戦争で事態を打開するものですが、それは絶対に避けなければなりません。

こうした状況で生きるであろう子どもに、親は何を「与え」ればいいのでしょうか。新約聖書の「マタイによる福音書」7章24～27節に、それが示されています。

わたしのこれらの言葉を聞いて行う者は皆、
岩の上に自分の家を建てた賢い人に似ている。
雨が降り、川があふれ、風が吹いてその家を襲っても、倒れなかった。
岩を土台としていたからである。
わたしのこれらの言葉を聞くだけで行わない者は皆、
砂の上に家を建てた愚かな人に似ている。

雨が降り、川があふれ、風が吹いてその家に襲いかかると、倒れて、その倒れ方がひどかった。

知識を得るだけでは何の役にも立たない、生きた使い方を身につけろということが述べられています。

つまり、**教育にお金をかけられないなら、社会に出て確実に生かせる知識と、その知識を使いこなす術が身につくように仕向ける。**そういう「与え方」もあるのです。

社会に出る前に社会を知るには、人生の代理経験を数多くさせて、広い教養を身につけさせることです。**さまざまなテーマの小説を読ませたり、名作といわれる映画を見せたりすることが、後々生きてきます。**

とはいえ、他人から一目置かれるほどの教養を身につけるには、時間がかかります。そこで、新聞が読めるくらいになったら、難しい本にどんどんチャレンジさせたほうがいいでしょう。早い子なら小学校高学年で、大人と同じレベルの読解力がつきます。語彙力や論理的思考力は、読書を通じて鍛えていけるのです。ハードルが高いと思える本でも積極的に子どもに与え、とにかく読む習慣をつけることが大事です。

小学生のうちに読んでおくべき本は、偉人伝（偕成社のシリーズなど）や『二十四の瞳』『次郎物語』などの児童文学です。文学作品や哲学書は、読んでもすぐには役に立ちません。しかし、かつて慶應大学の塾長を務めた小泉信三が「すぐに役立つものはすぐに役立たなくなる」と言った通り、すぐに役立たない教養ほど、生涯にわたって子どもを支え導いてくれるものです。

◎国語・算数・英語、子どもが頭抜ける学習法

小学校の勉強で重要なのは、やはり国語と算数です。この2教科をきちんとやっておくことで、言葉の正しい使い方がわかるようになります。国語で言語的な論理を、算数で非言語的な論理を学ぶのです。

国語と算数は、小学生のうちに「早回し」して学ばせることが大切です。学校の授業の進度に合わせていては、高いレベルの人材として育てるには間に合わなくなります。

国語の早回し学習で大切なポイントは、読むことと書くことをセットで行なうことです。 人は読める範囲でしか書けないし、書けないことは本当には読めていません。もっと言えば読める範囲のことしか、聞いたり話したりできないのです。

読むというのは受け身の作業ですから、ただ本を与えるだけでは内容が素通りしてしまい、子どもの中へ入っていきません。

そこで、読んだ内容について「書く課題」を与え、難しい本と格闘させることが必要です。難しいことが書けるようになると、難しい本も読めるようになっていきます。日本の学校教育では、せいぜい読書感想文くらいしか書かせないので、この点の訓練が圧倒的に不足しています。家庭教育で補う必要があるのです。

「書く課題」には、3つのステップがあります。第一が「引用」で、書く訓練として最も優れているものです。「この本を読んで印象に残ったところを、1カ所でいいから書き写しなさい」と課題を与えます。引用する部分は、長くても1000文字以内に絞り込ませます。

作家の浅田次郎さんは、アパレルの仕事に就いていた修業時代、作品の構想が浮かばない時は古典文学を万年筆で写していたそうです。学ぶことは「真似ぶ」ことですから、優れた作品を書き写すのはとてもいい方法です。書きながら言葉のリズムを摑むと、自分の頭で考えられるようになるのです。引用した文章について感じたことを一緒に書かせれば、なおよいでしょう。

引用の次は「要約」です。本の内容全体を、原稿用紙2枚程度にまとめさせます。引用と要約がある程度できるようになったら、「敷衍《ふえん》」に挑戦です。敷衍というのは要約の逆で、意味がわかりにくいフレーズや言葉を、自分で嚙み砕いてわかりやすく解説することです。ここまでできると、難しい言葉を使いこなす力がついてきます。

親が自分で指導するのが難しく、さらに家計に余裕があるなら、本読みの家庭教師を頼むのも手です。小学校高学年から受験勉強が忙しくなる中学2年くらいまでの間、週に1回くらいのペースで、本を読むためだけの家庭教師をつけるのです。ただし学生に頼むのではなく、すでにアカデミズムに入っている人を探すことが大事です。大学の助教クラスの人です。こういう人たちが語学学校で習う場合の授業料は、45分で9000円くらい。1時間半だと1万8000円です。本の読み方を教えるのに語学のような特殊技能は必要ありませんから、1時間半1万円くらいでやってくれるのではないでしょうか。

受験テクニックを磨く勉強はどこの子もやっているし、そのための受験産業も飽和しています。したがって、そこで頑張っても限界があります。他人と違った訓練をしていると、ライバルから頭ひとつ抜き出ることができるのです。

次は、「算数・数学」と「英語」について述べます。

算数・数学は中学のレベルが易しすぎるため、高校にすべてしわ寄せがきています。

そこで脱落してしまう人が多いのですが、高校レベルの数学では、国際基準に入るエリートとなるには足りません。偏微分をやらないからです。偏微分とは、複数ある変数のうち、ひとつをのぞいて定数とみなし、微分することです。

これは、物事の全体を俯瞰するときに、ある一部分が変化したらどうなるかを見る訓練です。こういう訓練をしていないと、大局を見据えた合理的な判断ができなくなります。アメリカのエリートは、高校までの数学のレベルはものすごく低いのに、大学に入ってから緻密に鍛えるから最終到達点は高い。日本の大学では、そこまで世話してもらえません。少なくとも大学1年生までに、高専を卒業するレベルの知識を持っておくべきです。

そのために、算数の早回しが必要なのです。私は、公文式を勧めています。**公文の学習法には批判的な意見の人もいますが、とにかく問題を解かせて数をこなさせる力技は、頭の基礎体力をつけるのに有効です。**

算数・数学の勉強は、親が指導しなくてもできるものです。高校の数学を少しでも中学時代に学んでおくと、あとが楽になります。大学レベルまでの問題も用意されているので、先へ進める子はどんどん進めばいいでしょう。

もしも子どもが躓いたら、塾や家庭教師を利用します。ただしそこで、一から教わり直すのは時間の無駄です。塾や家庭教師は、欠損箇所がどこにあるか見つけるためにあります。塾のテストはよく考えられて作られていますから、それを使って、どこができていないかチェックする。あるいは家庭教師に、どこで躓いているのか分析してもらう。人間ドックのように使うのです。すると、どのくらい時間をかければ直せるかがわかります。

意外かもしれませんが、**早回しで勉強すべき国語と算数に対して、早回ししてはいけないのが英語です。**バイリンガルに育てるなら別ですが、外国語として身につけさせるなら中学からでじゅうぶん。

なぜなら外国語は、母語がしっかり確立してから学ばないと、子どもが混乱してしまうからです。ただし中学校入学後は、相当な早回しをする必要があります。目標は、中学3年生までに英検準1級に合格することです。

英語の学習にも、公文式が有効です。書くトレーニングをたくさん積めるからです。英語も、国語と同様に書くことで、文法や論理の構造を頭に叩き込むことができます。英連邦の国々に留学するために必要な英語検定テスト『IELTS（アイエルツ）』では、とにかくたくさん書かせます。本当の力は、書くことで測れるからです。

これまで日本人は、学校で文法ばかり教えられるから英作文は得意だと言われてきました。しかし最近では、英語でのコミュニケーション（話す・聞く）に重点が置かれるようになり、書くことも怪しくなってきています。

小学生時代から日本語の本をたくさん読んで語彙や論理的思考を鍛えておけば、英語を早回しする土台となります。

その上で英作文のトレーニングを積めば、英語のリーディング、リスニング、単語力アップにも効果があり、中3での準1級は決して不可能ではありません。

ＭＡＲＣＨレベルの大学入試に合格する英語力を、できたら中学生段階でつけてしまうことです。これは英検準1級を取得するよりも楽です。すると、高校がすごく楽になります。数学と同じで、高校にしわ寄せがきている構造が英語にもあるからです。

◎世界のエリートはどんな本を読んでいるのか

ロンドンの西に位置するウインザーにあるイートン・カレッジは、１４４０年にヘンリー6世によって設立された、男子全寮制のパブリックスクールです。ウィリアム王子とヘンリー王子の母校であり、現在のジョンソン首相まで20人もの首相を輩出した名門中の名門。13歳から18歳まで、１学年２５０人ほどが学んでいます。

イートン校が生徒に勧めている本のリスト

リーダーとしての素養を磨く49冊

フィクション		
銀河ヒッチハイク・ガイド	ダグラス・アダムス	河出文庫
ぼくは怖くない	ニコロ・アンマニーティ	ハヤカワepi文庫
蜂工場	イアン・バンクス	集英社文庫
コーラムとセフィーの物語 ー引き裂かれた絆	マロリー・ブラックマン	ポプラ社
ダ・ヴィンチ・コード	ダン・ブラウン	角川文庫
三十九階段	ジョン・バカン	創元推理文庫
ウォールフラワー	スティーブン・チョボスキー	集英社文庫
そして誰もいなくなった	アガサ・クリスティー	ハヤカワ文庫
アンドロイドは電気羊の 夢を見るか？	フィリップ・K・ディック	ハヤカワ文庫
シャーロック・ホームズ	コナン・ドイル	新潮文庫 他
天使も踏むを恐れるところ	E・M・フォースター	白水Uブックス
さよならを待つふたりのために	ジョン・グリーン	岩波書店
第三の男	グレアム・グリーン	ハヤカワepi文庫
アルハンゲリスクの亡霊	ロバート・ハリス	新潮文庫
日はまた昇る	アーネスト・ヘミングウェイ	新潮文庫
黒衣の女　ある亡霊の物語	スーザン・ヒル	ハヤカワ文庫
ミスター・ピップ	ロイド・ジョーンズ	白水社
Tomorrow<stage1> ──明日、戦争が始まったら	ジョン・マーズデン	ポプラ社
パイの物語	ヤン・マーテル	竹書房文庫
戦火の馬	マイケル・モーパーゴ	評論社
大鴉	エドガー・アラン・ポオ	沖積舎

＊2006年に愛知県蒲郡市に開校した海陽中等教育学校は、創立時にイートン校を参考として、生徒の短期留学も行なっている。その海陽学園の協力で、イートン校の図書館員が作成した、同校生徒に勧めている本のリストを入手できた。リストの中から日本語に翻訳されているものを抜粋した。なお、リストは2015年当時のもの。

西部戦線異状なし	レマルク	新潮文庫
穴	ルイス・サッカー	講談社文庫
ライ麦畑でつかまえて	J・D・サリンジャー	白水Uブックス
黄色い犬	ジョルジュ・シムノン	創元推理文庫 他
卑しい肉体	イーヴリン・ウォー	新人物往来社
スローターハウス5	カート・ヴォネガット・ジュニア	早川書房
本泥棒	マークース・ズーサック	早川書房
元イートン校生の本		
007/ロシアから愛をこめて	イアン・フレミング	創元推理文庫 他
すばらしい新世界	オルダス・ハックスリー	ハヤカワepi文庫 他
パリ・ロンドン放浪記	ジョージ・オーウェル	岩波文庫
ノンフィクション		
バンド・オブ・ブラザース	スティーヴン・アンブローズ	並木書房
歴史を変えた!? 奇想天外な科学実験ファイル	アレックス・バーザ	エクスナレッジ
人類が知っていること すべての短い歴史	ビル・ブライソン	新潮文庫
デタラメ健康科学──代替療法・製薬産業・メディアのウソ	ベン・ゴールドエイカー	河出書房新社
さらば古きものよ	ロバート・グレーヴズ	岩波文庫
アンディ・マレーの"開戦" テニスIQで勝負に挑む	マーク・ホジキンソン	東邦出版
ペンギンの足はなぜ凍らないの?──脳細胞がワクワクする雑学の本	ミック・オヘア	PHP研究所
マイ・ドリーム──バラク・オバマ自伝	バラク・オバマ	ダイヤモンド社
xはたの(も)しい──魚から無限に至る、数学再発見の旅	スティーヴン・ストロガッツ	早川書房
シリーズもの		
ファウンデーション	アイザック・アシモフ	ハヤカワ文庫
エンダーのゲーム	オースン・スコット・カード	ハヤカワ文庫
ハンガー・ゲーム	スーザン・コリンズ	メディアファクトリー

シャープ・シリーズ	バーナード・コーンウェル	光人社
少年弁護士セオの事件簿	ジョン・グリシャム	岩崎書店
女王陛下の少年スパイ！アレックスシリーズ	アンソニー・ホロヴィッツ	集英社
ナイト・ウォッチ	セルゲイ・ルキヤネンコ	バジリコ
パーシー・ジャクソン	リック・リオーダン	ほるぷ出版
ウッドハウス・コレクション	P・G・ウッドハウス	国書刊行会

視野を広げる36冊

絹	アレッサンドロ・バリッコ	白水Uブックス
縞模様のパジャマの少年	ジョン・ボイン	岩波書店
ジェイン・エア	シャーロット・ブロンテ	光文社 他
権力と栄光	グレアム・グリーン	ハヤカワepi文庫
スーツケースの中の少年	レナ・コバブール&アニタ・フリース	講談社文庫
その名にちなんで	ジュンパ・ラヒリ	新潮社
博士の愛した数式	小川洋子	新潮文庫
風の影	カルロス・ルイス・サフォン	集英社文庫
ブリリアンス ―超能ゲーム―	マーカス・セイキー	ハヤカワ文庫
チャイルド44	トム・ロブ・スミス	新潮文庫
怒りの葡萄	ジョン・スタインベック	早川書房 他
ガリバー旅行記	ジョナサン・スウィフト	角川文庫
カラーパープル	アリス・ウォーカー	集英社文庫
スクープ	イーヴリン・ウォー	白水社
嵐が丘	エミリー・ブロンテ	岩波文庫
時計じかけのオレンジ	アントニイ・バージェス	ハヤカワepi文庫
パピヨン	アンリ・シャリエール	河出文庫
16歳。死ぬ前にしてみたいこと	ジェニー・ダウンハム	PHP研究所
アンネの日記	アンネ・フランク	文春文庫

キャッチ＝22	ジョーゼフ・ヘラー	ハヤカワepi文庫
夜中に犬に起こった奇妙な事件	マーク・ハッドン	ハヤカワepi文庫
アウトサイダーズ	S・E・ヒントン	大和書房
君のためなら千回でも	カーレド・ホッセイニ	ハヤカワepi文庫
わたしを離さないで	カズオ・イシグロ	ハヤカワepi文庫
グレッグのダメ日記	ジェフ・キニー	ポプラ社
シャイニング	スティーヴン・キング	文春文庫
アラバマ物語	ハーパー・リー	暮らしの手帖社
今でなければ　いつ	プリーモ・レーヴィ	朝日新聞社
ねじまき鳥クロニクル	村上春樹	新潮文庫
心のナイフ	パトリック・ネス	東京創元社
一九八四年	ジョージ・オーウェル	ハヤカワepi文庫
わたしは生きていける	メグ・ローゾフ	理論社
ハツカネズミと人間	ジョン・スタインベック	新潮文庫
ラスベガス・71	ハンター・S・トンプソン	ロッキングオン
わたしが眠りにつく前に	SJ・ワトソン	ヴィレッジブックス
回想のブライズヘッド	イーヴリン・ウォー	岩波文庫

禁書・迫害された本28冊

社会		
悪の華	シャルル・ボードレール	集英社文庫
緋文字	N・ホーソーン	岩波文庫
ハックルベリ・フィンの冒険	マーク・トウェイン	角川文庫
野性の呼び声	ジャック・ロンドン	光文社古典新訳文庫
デカメロン	ジョヴァンニ・ボッカッチョ	講談社文芸文庫
レ・ミゼラブル	ユゴー	新潮文庫
華氏451度	レイ・ブラッドベリ	ハヤカワ文庫
不思議の国のアリス	ルイス・キャロル	角川文庫

性		
カンタベリー物語	チョーサー	岩波文庫
草の葉	ホイットマン	岩波文庫
チャタレイ夫人の恋人	D・H・ロレンス	新潮文庫
ロリータ	ウラジミール・ナボコフ	新潮文庫
ユリシーズ	ジェイムズ・ジョイス	集英社文庫
ボヴァリー夫人	ギュスターヴ・フローベール	新潮文庫
モル・フランダーズ	ダニエル・デフォー	岩波文庫
政治		
君主論	ニッコロ・マキアヴェッリ	岩波文庫
人間の権利	トマス・ペイン	岩波文庫
わが闘争	アドルフ・ヒトラー	角川文庫
共産党宣言	マルクス、エンゲルス	岩波文庫
煉獄のなかで、ガン病棟	ソルジェニーツィン	新潮文庫
スパイキャッチャー	ピーター・ライト	朝日文庫
武器よさらば	アーネスト・ヘミングウェイ	新潮文庫
動物農場	ジョージ・オーウェル	角川文庫
宗教		
悪魔の詩	サルマン・ラシュディ	新泉社
種の起源	チャールズ・ダーウィン	光文社古典新訳文庫
ダ・ヴィンチ・コード	ダン・ブラウン	角川文庫
聖書		日本聖書協会
コーラン		岩波文庫

このイートン校が生徒に勧めている本のリストを見ると、人の上に立つエリートになることを目的に絞り込まれているとわかります。理由は、アンソロジーが入っていないからです。アンソロジーとは、日本の国語の教科書のように作品の一部を抜粋して編集した「選集」のこと。これは便利な加工食材で、いわば揚げて食べるだけ。効率重視の大衆教育に用いられる教材です。

しかしこのリストに載っている本は、すべてオリジナルです。肉なら肉、野菜なら野菜という素材を、そのまま渡している。だから生徒は、これらの本を自分で料理しなければなりません。塩、こしょう、スパイスを使って味付けをする訓練を、早くからさせているのです。「エリートになる君たちには、初めから味付けされた教科書だけでは足りない」と言っているわけです。

具体的に見ていきましょう。まず、イギリス人の常識として『シャーロック・ホームズ』『007』シリーズが入っています。

レマルクの『西部戦線異状なし』は、第1次世界大戦の総力戦の恐ろしさを教えるためにあります。イギリスは第2次大戦では空襲を経験していますが、第1次大戦では戦場になっていません。戦争のイメージが希薄なため、この本が必要なのです。

ハックスリーの『すばらしい新世界』、オーウェルの『一九八四年』、スウィフトの『ガリバー旅行記』などが入っているのは、ユートピア主義に対する警告です。イギリスには、17世紀に清教徒革命で国内が大混乱したトラウマがあります。エリートというのは、ともすると理想に走って物事を一挙に進めようとしますが、それでは失敗することを、これらの本は教えています。

オバマ元大統領の自伝は、アメリカを知るためです。ロシアについてはホラー小説『ナイト・ウォッチ』や、実在したソ連時代の連続殺人鬼をモデルにした『チャイルド44』が入っています。どちらも映画化されていて、子どもが入りやすい作品です。ロシアについては知らなければいけないと考えていることが伝わってきます。

世界的なベストセラーとなった『ダ・ヴィンチ・コード』や、ラジオ番組を小説化したSFコメディー『銀河ヒッチハイク・ガイド』、ほかにも読みやすい青春小説などが多数入っています。これは、大衆と話ができるリーダーに育てるためです。日本の大正教養主義とは、趣きが違います。旧制高校の生徒たちは、大衆が好んで読んだ菊池寛や吉川英治について話さなかったからです。

過去に禁書であったり物議を醸した本は、ただ与えても子どもは消化できません。宗教に関する本であれば、何に対するアンチなのかを教えなくてはいけません。『悪魔の詩』

はイランのイスラム教シーア派、『種の起源』はキリスト教原理主義、『ダ・ヴィンチ・コード』はカトリック。こういうアンチの本を勧めながら、聖書とコーランも読んでみましょうと提案しています。

『わが闘争』や『共産党宣言』は、人々がなぜこのような思想に傾斜していったのか、考えながら読ませるためです。これらの本は、悪についての勉強でもあります。将来、子どもが大企業に勤めて役員まで上り詰めたとき、社長から不正な会計処理を命じられたら、どう動くのか。悪に関する知識と耐性がなければ、判断を誤るからです。

全体的に、国際的な視野に立って、古典から現代作品まで幅広く読ませようとするラインナップだと言えます。なおかつ、人文系重視です。昨今は理系教育の大切さが説かれますが、トップエリートの育成には文系教育をおろそかにできないのです。娯楽小説も多いイートン校のリストからは、大衆に支えられなければ民主主義社会のリーダーは務まらないという考えが、よく伝わります。

親から子へバトンを繋ぐ

◎我が子に理念と信念を伝える

親から子へ受け継がせるものは、むろん学問だけに限りません。事業承継であれば、その企業ならではの経営理念があり、経営者としての信念があるからです。

お好み焼きチェーンの「千房」が、元受刑者や少年院の退院者を雇う職親プロジェクトの先駆けであることは、第2章で紹介しました。大阪市に本社を置く千房は、中井政嗣さんが1967（昭和42）年に創業しました。中井さんは2018（平成30）年に会長に退き、三男の貫二さんが跡を継いでいます。

私が興味をもったのは、貫二社長が「自分は3代目だ」と語っていることです。というのは、本来跡継ぎになる予定だった長男の一宏さんが、病気で早世してしまったためです。

中井政嗣会長に、親から子へ受け継ぐ経営者の理念について聞きました。

中井　長男の一宏が東海大学の3年生を終えるときに私が書いた手紙が、亡くなって遺品を整理していたら出てきたんです。大事に保管しとったんですね。こんな内容です。

〈元気に勉学に励んでいることと信じています。東海大に入学して早いもので3年が過ぎました。あっという間でした。

さて、いよいよ就職。千房の後継者、2代目を希望するのであれば、以前にも話したが、それなりの能力、実力が求められる。私は創業者だから、ある程度のことは見逃してくれるが、2代目はそうはいかない。周りから厳しい目が注がれる。それに打ち勝つために、いろいろと学ばなければならないのだ。

特に千房という会社は、他社と違った社風がある。従業員はみな家族だ。人の痛みがわかり、周りから尊敬され、信頼され、たくさんの支援と協力者があってこそ、会社が発展していく。

経営者は、マラソンではなく駅伝走者なのだ。私は第1走者として、最初の区間を全力で走っている。数多くの走者を追い越し、今はトップに立っているが、風当たりも強く、障害も多い。当然だと思っている。

社長の子として生まれながら、何一つぜいたくをさせたくなかったのは、すべて将来のためでもあった。若いときの苦労は買うてでもやれ。年老いて苦労することを考えたら、今頑張らねば。

まだまだ、いろんな出来事が起こるだろう。損得で考えるな。善悪をものさしにするのが、一番正確だ。人間だから神様仏様のようにはいかないが、心構えだけはそうあってほしいと願っている。これからの10年は早いぞ。しっかり地に足をつけて、きょろきょろせずに前を向いて歩け。

頑張れよ。俺の宝物だ。このかけがえのない家族。この恵まれた家族に、私は心から感謝している。永遠に離れることのない固いきずなを、私は守る。

平成4年2月4日。愛する息子、一宏へ。父、政嗣より。〕

旧正月の元旦でした。心を新たにして久しぶりに私の考えを伝えたので、遺言を書いているような気がしましたね。

長男から、すぐに返事がくるんです。最後には、こう書かれていました。

〔基本となるものの考え方、従業員は家族だといったことは、忘れないようにしたいと思います。3月半ばには帰ります。お忙しいとは思いますが、お体大切にしてください。

平成4年2月12日。私の教科書、中井政嗣様〕

中井会長は、ご自身の手紙を「遺言」にたとえ、経営を駅伝にたとえました。このメッセージは長男だけでなく、家族全員に受け継がれていく「たすき」になります。

中井　三男の貫二は慶應大学の経済学部に行ったんです。3年の夏休みに帰ってきたとき、「どんな勉強してんの？」と訊いたんですね。そしたら「アメフトやってます。勉強はあんまりしてません」。そう聞いて私、怒鳴りつけました。

「もう大学をやめろ。経済学部でどんな勉強してんのかなと楽しみにしてたけど、アメフトにうつつ抜かしている言うてるんであれば、やめてくれ。

誰のおかげで大学行けてるか、知ってんのか。中卒や高校中退の人間が一生懸命に夜中まで皿洗いしてる。そのおかげで、おまえは大学行けてんねん。おまえを大学に行かせてるだけでも、親として気が引ける。そこへ持ってきてアメフトて、何ちゅうことしてんのか。頼むからやめろ」

3時間ぶっ通しで、私は怒鳴り散らしました。そのとき彼は「考えさせてください」と言うたんですけども、あとから手紙が来るんですね。

〈軽はずみなことを言って、申し訳なかったです。文武両道で頑張ります〉

そんな内容でした。あの3時間の話が、彼には思い切り効いたようです。大学卒業後は野村證券に入って、本気で社長を目指して働いていました。

貫二さんが慶應大学で所属していたのは、体育会のアメフト部です。近年は不祥事による活動自粛もありましたが、関東学生1部リーグに長く所属する名門で、いい加減なサークル活動とはまったく違います。

強豪の体育会に入って本気でスポーツに打ち込む人は、中途半端な精神力の持ち主ではありません。お父さんにきつい小言を食らったから止めてしまうのではなく、「文武両道で両方やっていく」という選択には、非常に胸を打たれました。

こういう人たちは、企業に入って真剣にビジネスに向き合うと、恐ろしい力を発揮します。体育会出身者が一流企業から引っ張りだこになるのは、当然の話です。

中井　貫二は野村證券に14年間勤めましたが、長男が病気になったので、専務として入社してもらいました。社長をバトンタッチしたのは、2018年です。

彼は社長就任時、社内にこう宣言しました。

「私はこれから、職親プロジェクト、つまり受刑者の雇用を千房のCSRの柱にします。ですから、これに異議を唱える者がいれば、どうぞ転職していただいて結構です」

私でもよう言わなかったことを、ずばりと言い切った。そこから会社は一丸となったのです。

貫二社長は、「自分は千房に育ててもらった。2代目社長になる予定だった兄が亡くなって会社が大変なときに、戻ってくるのは当たり前じゃないですか」と語っています。この感覚は、父の背中を見て育ったことで培われたに違いありません。

お兄さんの遺志を継承して、3代目として経営に当たっていくという気持ちがどこから出たかといえば、ご両親の教育でしょう。経営者としての教育だけでなく、人間としての教育です。中井会長の思いは、次世代の経営者や社員にきちんと受け継がれている。そこに、千房の成長の秘密があると強く感じました。

人が生き残る力を得るために大切なのは、いい先輩やいい大人を見分ける力を持つことです。特に小学校の高学年から30代前半までの間に、素晴らしい大人とどれくらい知り合うことができるか。

親や教師や企業の上司が、見返りを求めずに我が子や生徒や後輩を指導するのは、贈与の連鎖が縦で起こるということです。その好ましい連鎖の中に入ると、自分自身のスキルや生きる力がアップします。次いで、人に何かを与える立場に回れば、求心力を持つことになり、リーダーシップとして評価されます。つまり、よいロールモデルになる人を見抜く力。そういう人たちと仲よくなる力が、決定的に重要になるのです。

大学で学ぶべきこと

◎「高校時代の勉強が頭に残らない」という問題

大学というのは、一種の小宇宙です。私自身を振り返ると、卒業後に社会で起きたことは、同志社大学の学生時代に経験したことと、相似形や写像のような関係にありました。**私は、人生で1回は受験を経験すべきだと考えています。受験を経験しなければ、知識があいまいになります。**竹のような節ができず、ウドのような人間になってしまうのです。それに人間は怠け者ですから、受験という負荷がないと勉強しません。小学校からエスカレーター式の学校に通っていた為政者の言動を見れば、その弊害はわかるはずです。

ただし、中学や高校の受験で無理してランクの高い学校に入ると、入学後に無理がきます。優秀な生徒が集まる中で、半分は真ん中より下になるからです。そこでモチベーションを維持するのは大変ですから、さらについていけなくなってしまうのです。

本当は、自分の持っているギリギリの力ではなく、8割、できれば7割くらいの学力で入れる学校へ行くのが理想です。そのほうが、大学受験に向けての勉強が楽になります。背伸びをせず、難しいと思ったら志望校を落とす勇気も必要です。推薦やＡＯによる入試でも入試といっても、いわゆる一般入試でなければいけません。推薦やＡＯによる入試では、知識を試すことにならないからです。ところがいまや、私立大学では入学者のおよそ半分が、推薦かＡＯ入試の合格者です。

ＡＯ入試で最も重視されるのは、面接です。ここで志望動機や将来の夢などを説得力たっぷりに語ることができれば、たちまち合格です。そこに潜む怖さが、私には見えます。つまり、コミュニケーション能力において高い能力を持つ人は、難関大学の入試を潜り抜けてしまうのです。もっと言えば、人の深層心理を支配したり、磁場を変化させる天賦の才が面接に臨んだ場合、面接官に見抜くことができるとは思えません。

ＡＯ入試には学力試験が課されないことが多く、高校の成績の基準もわりと緩やかでした。そのため、入学者の学力不足が指摘されるようになりました。そこで文科省の新たな方針を受け、学力の基準を設ける大学が増えています。２０２１（令和３）年春の入試から、ＡＯ入試は「総合型選抜」、推薦入試は「学校推薦型選抜」と名称が変わり、方法も変更されることになりました。

トップクラスの私立大学数校で授業を持ったとき、高校の教科書『詳説世界史Ｂ』（山川出版社）をもとに、明治維新、ロシア革命、ソ連崩壊などをテーマに基本的な問題を１００題ほど出したことがあります。平均点はどの大学でも、１００点満点の45点程度でした。学生の答えを見ると、「二・二六事件が起きたのは１９６０年」「広島の原爆投下は１９８４年」などと、歴史の流れがほとんどわかっていない。彼らは世界史受験で入学したはずの学生なのに、です。

一種のショック療法として、「こうした基本的な知識がない人には、外交官やジャーナリストになる入場券すらない」と話しました。すると学生たちも奮起して、その後の試験では90点以上を取るようになったのです。

文科省が「高大接続改革」を唱えているように、高校までの教育と大学での教育の連携が問われています。大学教育では、受験を突破してホッとしてしまった学生たちに、さらに学ぶモチベーションを与えることが肝要です。

早稲田大学の田中愛治総長も、受験勉強と大学での勉強が乖離していることを憂えていました。

田中　学生は、大学受験に受かることを目的に高校の勉強をしてきているから、頭に残らないのです。自分が本当にやりたい勉強なら、ずっと覚えているはずです。

早稲田大学全体でも、かなり早くからそこに気づいていました。私が教務部長をやっていたのは、２００６（平成18）年から10年にかけてですが、専門の教員にまず作ってもらったのは「学術的文章の作成」という、日本語を母語とする学生のために日本語の論理的な書き方を教える講座です。

また「数学基礎プラスα」という、文系の学生のための数学的思考を養成する講座も始めました。これはすべてeラーニングで、教えっぱなしにせず、必ず文章を書かせたり、問題を解かせたりして、それに対し大学院生がコメントするのです。これらは、日本版のＭＯＯＣ（大規模公開オンライン講座）につながるものでした。

早稲田大学の授業がオンラインで見られるのは素晴らしいことで、私もその教材を活用させていただいたことがあります。また、「文系の学生のための数学的思考を養成する講座」を始めたというお話は、非常に重要です。私は「文理融合」こそ、日本の大学が今一番にやるべきことだと考えています。

◎数学に弱い文系エリート

田中総長は、２０１８（平成30）年６月に次期総長に選出されると、11月の就任に先立って、政治経済学部の一般入試で数学を必須化すると発表しました。私大のトップを走る早稲田の、しかも看板である政経学部が入試に数学を取り入れることは、大学の戦略として大いに評価されるべきです。政経は、田中総長の出身学部でもあります。

田中　2021年の入試から政経学部が「数Ⅰ・数A」を必須科目にすることは、入学後にどんな頭の使い方をするのか、早稲田大学を志す受験生と世の中に対してのメッセージになると思っています。

政経学部の授業では、論理的な思考や数量的なエビデンスを示すことが多く、少なくとも数Ⅰ・数Aを理解している必要があるのです。しかしこれは、本来高校生として学ぶべきことを求めているだけです。

中高一貫の新興校の中には、中学1、2年生のときに数学の力を見て適性がないとわかると、早慶を狙う形で文系3科目に特化させ、数学は勉強しなくても単位を与える学校があります。そうやって**中学と高校の数学に欠損のある人が大学に入り、そのまま大企業のビジネスパーソンや外交官になると、必ず苦労します。**

私が外務省で、研修指導官をやっていたときのことです。外交官試験に合格した学生をモスクワ大学の地理学科に1人、高等経済大学に2人送ったのですが、学業不振を理由に3人とも半年で退学になってしまいました。外交官試験に受かっているのですから、基礎以上の学力はあるはずです。何が良くないのか教務主任に尋ねると、問題が3つあると言います。数学、論理、そして哲学史でした。エリートとはいえ文系育ちの学生たちですから、やはり数学に弱かったのです。

「早稲田の政経の入試で、数学が必須になる」というニュースが流れると、受験生離れが起こるのではないか、偏差値が下がるのではないか、という指摘がありました。しかしこれは、大学に入ってから政治や経済を学ぶには数学の力が必要だ、という強いメッセージなのです。

◎教養を身につけるには、専攻以外の学問分野も学べ

政治学と経済学について文理融合の観点から言えば、最近は行動経済学などにおいて心理学との親和性が高くなっています。

田中　そもそも経済学は、1960年から70年代にかけては非常に数学的であり、心理学とは離れていたと思うのです。それが90年代から、行動心理学や経済心理学とい

う形をとるようになっていった。一方、政治学は50から70年代には、かなり心理学に寄っていたんです。その後、経済学の影響を受けて、心理学から離れた時期がありました。それが今度は経済学のほうが、また心理学に近づいています。

こうした新しい学問領域は、学際的な展開の中から生まれます。「この学科ではこれはいらない」「あの学部ではあれはいらない」と決めつけるのではなく、本当に真理を探究するのならば、謙虚に真摯にほかの分野の学問も学ぶ必要がある。教養というのは、そこから生まれてくるものだと考えます。我々が導いた結論は、教養とは物事の本質を見極める洞察力だということです。

自分の狭い専門分野に閉じこもるのではなく、ほかの分野の人たちがどのようにモノを見ているのかを学ぶ。つまり、視野を広げることが大切です。それは、異文化や異言語、違う学問のアプローチを受け入れることから始まります。教養と名の付く本をたくさん読めばいいのではありません。

私は学内の「オープン教育センター」を「グローバルエデュケーションセンター」に改組し、学術的なものと学際的なものの両方の副専攻をつくりました。学術的というのは、理工系の学生が法学や歴史学を学ぶなど、自分の専攻以外の学問分野を学ぶこと。学際的というのは、ひとつのテーマについて複数の学問分野から考えるということです。

そうした試みによって、学生の魂を揺さぶる。自分には何が足りないのか気づくような教育を通して、教養教育を進めていきたいと考えています。

振り返れば戦後の日本は、アメリカに追いつき追い越せでやってきました。そうした状況下では、答えのある問いに速く正解できることが、優秀な学生の証しでした。しかし80年代半ばにアメリカに追いつくと、目標を失ってしまうわけです。その直後に、バブル経済が崩壊します。

そのとき我々がわかったことは、頭の回転が速い人だからといって、答えのない問題を解いたり、何が問題かわからない中から問題を見つけ出し、自分なりの解決策を粘り強く生み出すという〝たくましい知性〟を必ずしも持っているわけではない、ということです。早稲田大学が目指そうとしているのは、まさにこのたくましい知性なのです。

記憶力と情報処理能力の高い若者を集めて素早いキャッチアップに努めるのは、発展途上国のやり方です。また、教養を身につけるために「教養のマニュアルをください」「教養の教科書をください」という姿勢は、一番ナンセンスなアプローチです。

早稲田大学には、新たな学知を構築できる風土があります。田中総長が目指している知の改革が進めば、ますます骨太で能力の高い学生が育成されるでしょう。

19世紀初頭のベルリン大学プロテスタント神学部に、シュライアマハーという有名な神学者で教育学者がいました。その頃ナポレオンがヨーロッパを席巻し、大学改革を行ないます。総合大学を解体し、フランス型のポリテクニークに転換するというものです。いわば専門学校化して、実学的で技術的な知識を付けさせる方向です。

プロイセン王もそのナポレオンの教育改革に同意したとき、シュライアマハーが反対しました。もしそうなれば、中世の職業学校に逆戻りしてしまうと言ったのです。確かに学問が分化していく中で、教授はすべての分野に対応することはできない。そこで、すべての学部の教授が哲学を担当し、哲学を共通科日にするのはどうかと提案しました。その授業で、自分がどういう学問をやっているのか、他の学問を専門とする学生や教授陣にわかるように説明すればいい。そうすれば、お互いが何をやっているのか理解できるというわけです。

今日で言うリベラルアーツの強化です。これは、私が提唱している文理融合の考え方の基底でもあります。ただし誤解なきように言えば、文理両方を一人で教えることのできるマルチな先生はいません。

シュライアマハーの主張が通り、ドイツは総合大学の形を崩しませんでした。ちなみにドイツでは、神学部があることが総合大学の条件です。他の学問はすべて実学ですが、神学だけは実学的ではない。実学と関係のない分野があるからこそ総合学府だ、という位置づけです。

フランスでは、国立で神学部があるのはストラスブール大学だけです。ナポレオンの教育改革で解体されて以来、ずっとそのままなのです。19世紀にドイツが力を持ち、20世紀の初めまで学術分野で非常に強かったのは、その違いが大きいと思います。


事実と認識と評価についてきちんと分けて考えられることが、大学教育では重要です。そのためにも、文理融合が必要になってきます。

私が教えている同志社大学の神学部の勉強会で、数学の抜き打ち試験をやったことがあります。題材は、高卒検定試験です。私はよくて20から30点だろうと思っていたのですが、結果は100点満点か、90点以上が続出、最低でも75点でした。学生たちに聞くと、私が「神学と数学は隣している面がある。数学は必要であり、絶対に捨てるべきではない」と書いたのを読んでいて、それくらいの数学は勉強しているという話でした。

同志社大学が行なっている「新島塾」も、文理融合的な教育を目指す取り組みです。全学の学生から最大25名を選抜し、期間は2年間。合宿も行なってリーダー養成を目指すプログラムは、総合大学として初めての試みでしょう。

松岡敬学長（当時）に、その狙いを聞きました。

松岡　同志社大学は創立150周年を迎える2025年に向けて、私が学長に就任した2016（平成28）年から実質的なビジョンを打ち立てています。その中心となるのが教育改革で、その一つがリーダー養成事業です。

リーダーといえば、何となく会社の社長など、社会的に高いポジションをイメージされるかもしれませんが、そうではなく、それぞれの領域や分野を知性と品格をもって牽引できる、良心あるリーダーの育成を目指しているのです。その取り組みのひとつが、創立者・新島襄の名前を冠した「新島塾」です。佐藤さんにプロデュースしていただき、2019年度から本格スタートしました。

2016年度から、生命医科学部の中にサイエンスコミュニケーター養成副専攻も設置しています。これは、科学分野で起こる社会問題を正しく読み解き、解説できる人材を養成することを目的とした、学部を横断する文理融合のプログラムです。こちらも佐藤さんにご協力いただいています。同志社が目指しているのは「総合知」に根差した教育です。

サイエンスコミュニケーター養成の授業で、私はまずアリストテレスを扱いました。たとえば「毛髪の薄い人間は好色である」という彼のテーゼは、実験をせずに観察だけで判断した結果だ、という話です。また、天文学と占星術の違いについて『太平記』の中からピックアップして読ませ、そこからトーマス・クーンの『科学革命の構造』に持っていって、パラダイム論について考えてみる。そうすると、理系の学生も文系の学生も話についてきます。

ちなみに『太平記』を取り上げたのは、同志社大学が京都にあるからです。東京の大学なら、江戸をテーマにするのもいいでしょう。そうすれば、学生もその場所に行ってみようという気持ちになります。

法政大学の田中優子総長は、江戸時代の文学・生活文化が専門ですから、同様の試みを実践されています。

田中　理系の学生たちにも、歴史の面白さを伝えることは大切です。実際に私のゼミでも、かつて浮世絵で描かれた江戸の名所に行ってみるのですが、東京には当時の景色がまったく残っていません。しかし、そこに立つ。立って周りを見回す、ということが大事なのです。

場所＝トポスには歴史があり、今を構成しているものの基本がある。法政では、そこに工学系の先生方が強い興味をもったことで、デザイン工学部と国際日本学研究所が一緒になって始めたのが江戸東京研究センターです。これはまさに、文理融合の研究だと言えるでしょう。

法政の江戸東京研究センターは、2014年からの長期ビジョン「HOSEI 2030」の一環です。同志社のサイエンスコミュニケーター養成は、松岡前学長が導入された「ALL DOSHISHA 教育推進プログラム」のひとつでした。どちらも、文理融合を目指す優れた試みだと思います。

◎授業はあくまで母国語で

大学教育には、2つの考え方があります。ひとつは文科省のスーパーグローバル化に従って、英語で授業をするなどしてグローバル人材を育てていくという考え方。もうひとつは、専門教育は基本的に母国語で行い、短期留学と長期留学を有機的に組み合わせていく考え方です。

私が特別顧問としてお手伝いしている同志社大学では、後者の考え方を採用しています。英語で専門分野の授業をしても、一般の学生の理解力では、日本語の授業の2割程度しか内容を把握できないと思われるからです。情報伝達は、母国語でやるのが常識です。**形だけ英語で講義をしても、専門知は身につきません。**グローバル人材をつくろうと極端にエネルギーを注ぐ大学は、かなりの人材と労力を無駄にし、再教育をして軌道修正せざるをえません。理想と現実がずれていて、実際には疲弊している大学が多いのです。

同志社では、大学院教育も強化しています。社会が求める人物を養成する点で、学部の4年間だけでは限界があると見ているからです。就活期間を考慮すると、学部では1年半くらいしか専門的な勉強ができません。しかし修士課程まで加えれば、4年半は集中的に勉強できます。持ち時間が4年半と1年半では、3倍も違います。持ち時間がそれだけ違えば、アウトプットでは5、6倍の差が出てきます。

企業や役所の採用で見られるところは、その学生の勤勉さと誠実さです。それはきちんと勉強していれば、身につくものです。よく勘違いをして、面接で「バイトでチーフをやっていました」とか「サークルで副部長をして非常に評価されていました」とアピールする学生がいます。

しかし企業や役所は、基本的にそういう話は聞いていません。**学生時代に「本業である学業」で何をやってきたかということは、これから先の「本業である仕事」で何をやるかということと、非常に強い相関関係があるのです。**

新しい形の就職

◎英語以外の語学を身につけよう

英語に次ぐ外国語の修得は、今後必須になるでしょう。特に中国語です。米中の対立が、いっそう激しさを増しているからです。中国のテクノロジーは発展を続けるに違いありませんが、アメリカの制裁によって、国際的なスタンダードにはならず、中国国内だけで閉じたマーケットになっていくと思われます。すると中国語という言語障壁を超えなければ、ビジネスに参入できなくなります。

できれば、中学生で学び始めたほうがいいでしょう。受験にフォーカスを当てない、本を読むためだけの家庭教師の重要性について述べましたが、同じ形で中国語を学ばせるべきです。早稲田や慶應などの一貫校に入学させることができたら、大学受験をせずに済むことで生まれた時間的余裕を活かすのです。

英語に関しては「TOEFL iBT」で100くらいまで実力を上げておき、あとは中国語を使えるようにしたり、中国史や国際関係について大学の助教クラスから、10～15回と回数を区切って講義をしてもらいます。そうやって、早い時期から強い分野や専門分野を作ってあげるのが、理想的な勉強の仕方です。

中国語以外であれば、ロシア語ができればロシアだけでなく中央アジアで仕事ができますし、経済成長が見込まれるインドネシア語、マレーシア語、ベトナム語も有望です。東南アジアの国々は、中国に飲み込まれるのを嫌って対抗していくことになり、アメリカもそれを後押しします。

語学を身につけたあとの就職として、こうした国々にある日本企業の現地法人で働く、という方法があります。給与は10万円ちょっとでも、物価は安いし、メイドとプール付きの家に住んで、運転手付きの車で通勤する生活になります。国内の総合商社やメーカーに就職した場合なら20年後に就くようなポストに、1年目から就けるのです。

キャリアパスが本社と違うので、3~5年も実績を積めば、日本人というだけで管理職です。しかしずっと現地にいると生涯給与が低くなりますから、その辺りで見切りをつけ、独立したり、自分がやりたい分野の日本国内の企業に転職する手もあります。

OJTの場として日本企業の現地法人を使うやり方は、新しいキャリアパスとして意外と重要です。日本の大学では、起業のノウハウや人脈になかなか恵まれません。成功する1人の陰には、失敗した人が1万人はいるに違いなく、大学卒業後すぐに起業するのはリスクが高すぎます。語学を活かせる組織にいったん入って仕事のノウハウを学び、マネジメントや管理の方法を覚えて起業するのは現実的です。

どういう分野の起業でも、可能性があると思います。ITなら、インドにある日本の現地法人で最先端の技術者とネットワークを作ってから、日本に帰って起業してもいい。東南アジアに展開している和食の店で学んでから日本のフランチャイズへ移れば、現地のメンタリティがわかっている人材として重宝されるはずです。こうした就職や転職の窓がいつまで開いているかわかりませんが、まだ10年はビジネスチャンスが続くでしょう。

親たるもの、子どもの目には映らない世の中の情勢を見抜き、導いてあげることが大事です。

コラム

犯罪に巻き込まれないための教育

《ドラマが現実を先取りした地面師事件》

ビジネスの世界で成功するには、世の中に悪事がはびこっていることも知っておく必要があります。特殊詐欺の被害に遭うのは高齢者が中心ですが、狙われるのは高齢者ばかりではありません。自ら悪事に手を染めなければ他人事、と思い込んでいる人ほどガードが甘くなりやすいのです。

そこで**いい教材になるのが、2010（平成22）年から放送されているドラマ『新・ミナミの帝王』（関西テレビ）です。**主演を務める千原ジュニア氏と、詐欺師の生態と心理について語り合いました。

佐藤　大阪で「ミナミの鬼」として恐れられる金貸し・萬田銀次郎を主人公に、金や法律を通して人間の本性に迫るヒューマンドラマ『新・ミナミの帝王』。このドラマでは地面師や後妻業、オレオレ詐欺といった近年話題の詐欺や悪徳商法をテーマにしていますが、主人公を演じる千原ジュニアさんは、完全に萬田銀次郎になりきっているように見えます。役を血肉化するには、桁違いの勉強が必要になると思うのですが、いかがでしょうか。

千原　いえいえ。脚本家の先生が本当にいろいろ勉強しているからリアルに見えるのだと思います。**実際の経済事件を題材にしているものも多く、観る人が観れば、その登場人物のモデルが誰だかわかる。**観ている人はそのあたりが面白いのだと思います。

佐藤　主人公の萬田銀次郎は冷酷なように見えますが、本当はよき理解者であり、よき観察者ですね。相手の理屈が本当によくわかっている。しかし、その分、演じ方が難しい。たとえば、やさしい目と人を恫喝するときの目を、どう演じ分ければいいのか。千原ジュニアさんは、目力でいろんなことが表現できていると思います。

千原　それは自分ではよくわかりませんが、やはり脚本が素晴らしいと毎回思いますね。

佐藤　現実を先取りすることも多いですね。地面師事件を扱ったのも早かったですね。

千原　そうなんですよ。2017年に積水ハウスが55億円もの大金を騙し取られた事件は、撮影中にニュースになりましたからね。

佐藤　地面師とは、所有者になりすまして業者に土地の売却をもちかけ、多額の代金を騙し取る詐欺師のことです。そのとき必要になるのが、パスポートや土地の登記簿謄本、印鑑証明書などの公的証明書を偽造する「ニンベン師」です。

ドラマでは、ニンベン師が印鑑の偽造をする際に、印鑑の中に自分のサインを入れていましたが、そうしたことは実際にスパイの世界にもあるんです。たとえば、ちょっとしたワーディング（言葉遣いや言い回し）のところで、自分独特の表現を使うのです。匿名で暗躍する職業ですが、あえて痕跡をつくる。そこに職人の気質が出るのです。そういった、ドラマの中で描かれるリアルなところは非常に勉強になります。

千原　僕なんかはドラマ上の演出として脚本に書かれているのかなと思っていたのですが、それが逆にリアルなんですね。

《スパイと詐欺師の共通点》

佐藤　リアルです。匿名の世界で生きていると、そういうことをやりたくなるという人間の独特の習性があるんですね。わざと句読点を間違えるとかね。

たとえば、かつてエリ・コーエン（Eli Cohen）というシリア政府に潜入したイスラエルの有名なスパイがいました。そのコーエンは、最後は悲惨な死を遂げるのですが、一時はシリアの国防大臣をオファーされるほど信頼を得ていた。しかし、その活動がシリアに雇われたソ連の防諜専門家に知られ、捕まってしまうのです。

そのときシリアは、コーエンが捕まったことがイスラエルにわからないように、コーエンにイスラエルに向けて通常通り正確に電文を打たせるわけです。しかし、イスラエルはその電文を読んで、すぐにコーエンが捕まったと見破った。なぜわかったのか。実は電文には必ず1カ所、誤字をつくるという約束をしていた。誤字のない電文を見て、すぐにわかったのです。

もうひとつ言えば、ドラマでは、ニンベン師は古本屋さんを拠点にしていますよね。実際に、情報機関のスパイは古本屋さんもよく使うんですよ。古本屋さんという場所は、いろんな人が出入りしているから、やばい人と会うには非常に都合がいい。それ以外の多くの点でも、スパイと詐欺師は似ているところがあります。ドラマではその雰囲気が出ていて、面白くてしょうがなかった。

ほかにも、安達祐実さんが新興宗教の教祖を演じていた回がありましたね。他人が知るはずのない事情をズバリと言い当てる霊視で多くの信者を獲得し、莫大な金を集めていくわけです。新興宗教の教祖はどうつくられていくのか、よく研究されていると感じました。

でも、東京ではなかなかつくれないドラマだと思いますね。

千原　関西はすごいなあと思いますね。これだけ関西と関東が近くなったと言われても、日曜の昼間から違法なトイチ（10日で1割の金利）の金貸しを主人公にしたドラマを大々的に放送するというのは、東京ではありえない。

佐藤　それでちゃんとした視聴率を取れているから、関西では市民権を得ているわけですよね。私は大学で授業を持っていますが、このドラマを学生たちにもよく観せています。世の中に悪事はあるけれど、自分が巻き込まれたり、自分がやったりするようになったら、もうこれは最終段階。だから、その前に、免疫をつける予防接種が必要なんです。『新・ミナミの帝王』を観て自分たちのそばにある悪事に気づくことは、とても重要だと思います。

千原　そうなんです。僕も毎回、本当に勉強させられるんですよね。

《昭和最大の詐欺グループの手法》

佐藤　この仕事を始めたきっかけは、何だったのでしょうか。

千原　30年近く前だと思いますが、もともと竹内力さんが『ミナミの帝王』で萬田銀次郎の役をされていたときに、映画版やドラマで数回ほどチンピラ役や被害者役で出演したことがあったのです。その後、10年前くらいに『新・ミナミの帝王』の主演のオファーがあって、随分悩みましたが、結局受けることにしました。

関西で『ミナミの帝王』と言ったら、竹内力さんだという確固としたイメージがあります。僕も物心ついたときから、アニメ『じゃりん子チエ』と吉本新喜劇と『ミナミの帝王』は、ずっとそばにある感じでした。もし、そんな萬田銀次郎役を僕がやったら、その違和感たるや、ひどいことになるのではないか。おそらく賛否両論、特に「否」まみれになるだろうと。

でも僕が断ったら、誰か違う人がやるだろう。それを観たとき、自分はちょっと悔しい思いを抱くかもしれない。それならやっといたほうがええか、みたいな感じでオファーを受けたのです。そのころは、こんなに長く続くとは思っていなかったのですが。

佐藤　竹内力さんの『ミナミの帝王』とはまったく別の作品に仕上がっていますし、『新・ミナミの帝王』は新しい世界をつくったと思います。どこが違うかと言えば、前作はテーマがヤクザ組織なんです。その意味では非常に限定された、我々が知らない特別な世界でした。

しかし『新・ミナミの帝王』は、社会がテーマです。フィールドが全然違う。特殊な世界を覗いてみたいということではなく、今自分のすぐそばにある世界を千原さんが描き出す。その意味では、まったく別の世界をつくって、それが21世紀に合致していると私は見ているんです。

千原　確かにそうですね。ドラマと現実がリンクしていたり、追い抜いたり追い越されたりみたいな感じがありますから。**大阪では、これから万博やカジノのＩＲ誘致などでいろいろと揉めるかもしれないし、それこそ悪いヤツがあの手この手で金儲けを考えているというふうになって、また面白い題材がいろいろ出てきそうな気がしますね。**

佐藤　きれいなことをやるときには、その何分の一かですが、必ず汚いことが出てきますからね。特に世の中、全部きれいごとでは処理できませんから。実際に読者の中には、社会に入ってからそうした面を担当したり見たりして、苦慮している方々も少なくないと思います。そのときのいい教材となるのが、『新・ミナミの帝王』なのです。

千原　確かに時代の流れと一緒になって、ドラマをつくっている感じはありますね。今では僕が『新・ミナミの帝王』の主演だということを何とか知っていただけるようになって、ロケも多少はやりやすくなりました。特に大阪でのロケでは、皆さん率先して受け入れ態勢を整えてくださいます。

佐藤　ドラマは、いつも道頓堀からスタートしますよね。それから、萬田銀次郎は易者のところによく行く。この易者のところに情報を取りに行くというのは、インテリジェンスのプロの眼からすると面白い。易者のところには誰が来ても、長時間座っていても、おかしくない。だから、そこで萬田銀次郎が情報を入手していても怪しまれないわけです。

また萬田銀次郎は作戦本部として、事務所ではなく喫茶店を使っている。これも昭和の雰囲気のレトロな喫茶店になっていて、いい場所の設定だと思うんです。実際にドラマでは、昭和を舞台にした詐欺事件も扱っていますね。

千原　そうですね。昭和最大の詐欺グループと言われた豊田商事事件の手口が、ドラマでも出てくるんですよ。豊田商事会長の刺殺事件が起こったのは1985（昭和60）年で、僕が10歳ぐらいのときなんです。それで、あの事件に関する映像をいろいろ見たり、豊田商事について調べたりしましたけど、すごい手口ですよね。

佐藤　金の地金を購入する契約を結ぶんだけれど、「預かり証券」という名目の紙切れしか手元に残らない、現物まがい商法（ペーパー商法）ですよね。

こういった手口は、いろんな形で今の詐欺事件に派生していると思うんです。1970年代に社会問題となった、天下一家の会もそうですよね。ある組織の会員が勧誘して子会員を増やし、その子会員がさらに孫会員を増やし、新規に加入した会員は自分より5世代上の会員に金品を支払うという、日本初のネズミ講です。現在はネズミ講は違法ですが、マルチ商法は合法です。新規会員がさらに別の会員を勧誘していくマルチ商法のシステムには、人間の心理に入り込む宗教の要素が明らかにありますね。

千原　その意味でも、本当にこのドラマには学ぶことが多い。このドラマをやっていなかったら知らないことが、いっぱいあったと思います。

《バイトテロで空売り屋が笑う》

佐藤　ドラマでは、いろいろなタイプの詐欺師が出てきますね。千原さんは実際に人に会ったとき、詐欺師かどうか、どう見分けますか。

千原　もしかしたら、僕はいま、まさに誰かに騙されている最中かもしれません（笑）。それをわかってないから、気づいたときに、みんながよく言う「まさか自分が」とか「まさかあいつが」みたいなことになるんでしょうね。

でも、アポ電強盗の悪質さなどを考えてみれば、まだオレオレ詐欺で騙されたほうがいいのかもしれません。アポ電強盗は、家にいくら現金があるかを電話で尋ねてから、じかに訪問して殺して金を取る。むろん詐欺は駄目ですが、取り締まりが強くなりすぎて抜け道がなくなって、詐欺の手口が暴発し、犯罪が一番原始的な方法に戻ってしまったような感じがします。

これからAIやデジタルに関する犯罪、つまり、法律が追いついていない犯罪がいっぱい出てくるでしょうね。

佐藤　2019（平成31）年に、18歳の少年が1500万円相当の仮想通貨を盗み取って書類送検になりました。私はこの事件に、非常に注目しているんです。

その少年は起訴猶予になりましたが、当局はホワイトハッカーとして雇うつもりなんじゃないかと見ているのです。

千原　なるほど。IT関連の犯罪は、そうでもしなければ警察も追いついていけないですもんね。車の自動運転を利用すれば、ハッカーもすぐに人を殺せるわけだし。

佐藤　制御のミスなのか、人為的なものなのか、わからない。仮に人為的なものだとわかったとしても、なかなかその証拠をあげることはできない。

しかも、疑わしきは罰せずという刑法の大原則があるから、迷宮入りしてしまう可能性が高いですね。

千原　そうですよね。ほかにも、バイトテロなんていうのもありますよね。飲食店やコンビニの従業員が、勤務先の食品や備品を使って悪ふざけを行なう様子を撮影し、SNSに投稿するものですが、あれはホンマにただのアホがやっているだけなのかどうか、よくわからないですもんね。

裏に黒幕がいて、バイトテロで株で儲けようと思ったら、めちゃくちゃ儲けられるわけですから。株を空売りしておけば、あの映像を流せば必ず暴落する。

だって昔撮った動画を、なぜあとになって流すのか。たまたま誰かが見つけてやっただけとは、到底思えない。裏で儲けているヤツが絶対いる、という感じがしますね。

この対談のあと2020年1月に放送された新作で、バイトテロの動画を利用した恐喝事件がテーマになっていました。千原ジュニアさんは演じるだけでなく、ご自分で題材も探しているのかもしれません。独自の視点が、ドラマをつくるときの視座になっているのでしょう。

おわりに

私のデビュー作は2005年3月に上梓された『国家の罠——外務省のラスプーチンと呼ばれて』（新潮社）だった。もっともあの時点で私は職業作家になるなどとは夢にも思っていなかった。鈴木宗男事件の嵐に巻き込まれ、2002年5月14日に私は東京地方検察庁特別捜査部に逮捕され、小菅の東京拘置所で512日間、独房生活を余儀なくされた。外務省で私を信頼してくれた後輩や、私の支援活動にリスクを負って取り組んでくれた同志社大学神学部時代の友人たちに、私が巻き込まれた事件について伝えることが『国家の罠』を書いた目的だった。作家の仕事は、読者との共同作業によって成り立っている。ある作品を書くと、そこでは十分に解き明かすことができなかったテーマが残る。読者はそれについてもっと知りたいと感想を述べる。それに対して応えるのが作家の責務であると私は考えている。読者とのインターラクション（相互作用）が作家にとって、きわめて重要だ。私の経験を最大限に活かして、今、この世界で起きていることを正確に分析するのが、作家としての重要な仕事と私は考えている。

ところで、ロシアで私は、政治家、官僚、インテリジェンス機関員、作家、学者などとともに寡占資本家（オリガルヒヤ）とも親しく付き合った。ソ連崩壊後の混乱期に台頭した寡占資本家は、ロシアの内政と外交に決定的に重要な役割を果たしているからだ。エリツィン大統領の時代に北方領土交渉が前進した背景には、一部の寡占資本家が日ロ関係発展のために尽力したことが大きい。そのうちいくつかのエピソードは、墓まで持っていかなくてはならないと思っている。

外交官時代から、私は日本でも政治家、官僚、新聞記者たちとは親しく付き合っていた。職業作家になってからは、編集者、作家、学者との付き合いが加わるようになった。それでもモスクワに勤務していた時代と比較して、私の人脈には欠損があった。経済エリートとの接触がほとんどないことだ。

私は、政治情勢を分析する上では、マルクス経済学（政治経済学）のアプローチが重要と思っている。マルクスには2つの魂がある。第1は、資本主義社会を打倒して、共産主義社会を建設しなくてはならないという共産主義革命家としての魂だ。率直に言うが、この魂に私は関心がない。性悪な人間が理想的な社会を作ることはできないと思っているからだ。マルクスの第2の魂は、資本主義社会の内在的論理を、できるだけ客観的かつ実証的につかもうとする(社会)科学者としてのものだ。この考えに基づいて『資本論』をイデオロギーから切り離して、資本主義社会を分析するツールにしようとしたのが日本のユニークなマルクス経済学者宇野弘蔵だ。宇野の周囲は、後に宇野学派と呼ばれるようになった。現在、アカデミズムにおいて宇野学派を含むマルクス派は風前の灯火だ。しかし、菅義偉首相が、無意識のうちに規制緩和という名の下で、新自由主義的政策を推進すると、格差が拡大し、日本の社会が弱くなる危険がある。社会が弱くなると国家も弱くなるという状況を分析するのに宇野学派のマルクス経済学は役に立つ。私は、日本の資本主義を担う中核になる企業経営者の内在的論理をつかまなくては、正確な情勢分析はできないと考えるようになった。現在のロシアでも寡占資本家の動向を押さえておかないと、プーチン大統領の政策を正確に予測できないのと同じだ。

『プレジデント』誌で仕事をするときに私は企業経営者から直接話を聞くことを重視している。ただし、その結果をインタビュー集として刊行するだけでは面白くない。経営者の話から、私が何をどのように学んだのかを読者に伝えることに重きを置くことにした。インタビューをインテリジェンス（諜報）の観点から読み直し、読者の役に立つ形で読者に再提示することに私は力を入れた。このような意図で書籍を刊行するのは私にとって初めての試みだ。コロナ禍に直面して、日本も世界も大きく変化することを余儀なくされている。このような状況で、企業や大学のトップ、あるいはその道の第一人者である芸能人の知恵から、私たちは多くのことを学ぶことができると確信している。

コロナ禍に遭遇して大学生の就職活動も大きく変化し始めている。企業を選ぶに当たっても、そのトップが何を考えているかを知ることが重要だ。本書がビジネスパーソンに有益なのは間違いない。同時に学生の皆さんには、本書を就活の副読本として、最大限に活用してほしい。

本書を上梓するにあたっては、プレジデント社の小倉健一氏、浜根英子氏、髙田功氏、國友俊介氏、フリーランス編集者の石井謙一郎氏にたいへんにお世話になりました。特に浜根氏の助言がなければ、このようなユニークな形態で本書をまとめることはできませんでした。深く感謝します。

2020年12月1日、曙橋（東京都新宿区）にて、

佐藤優

本書は、次の記事を基に加筆・再構成したものです。

雑誌「PRESIDENT」

２００７年４月30日号「ラスプーチン流『実は怖い草食動物』攻略法」
２０１３年12月16日号「佐藤優直伝『男を敵に回す話、女の恨みを買う話』」
２０１４年６月16日号「教育に介護、家族とお金が心配なら」
２０１５年８月３日号「作家・佐藤優の『手帳テクニック』全公開」
２０１８年10月15日号「文章が読めない子、新聞を読まない人の末路」
２０１９年６月17日号「危なすぎる詐欺師の群像」
２０２０年５月29日号「池上彰さん、佐藤優さんに聞いた
〝ニュース・データの見方、使い方、落とし穴〟」

連載「佐藤優の新しい教養」

※（　）内の所属・肩書は掲載時のものです。

２０１８年４月30日号・５月14日号（丸紅社長・國分文也氏）
２０１８年６月４日号・６月18日号（慶應義塾大学教授・菊澤研宗氏）
２０１８年８月13日号・９月３日号（ＳＯＭＰＯ ＨＤ社長・櫻田謙悟氏）
２０１８年９月17日号・10月１日号（日本たばこ産業社長・寺畠正道氏）
２０１８年12月17日号・12月31日号（みずほ銀行頭取・藤原弘治氏）
２０１９年１月14日号・２月４日号（アサヒグループ ＨＤ社長・小路明善氏）
２０１９年２月18日号・３月４日号（早稲田大学総長・田中愛治氏）
２０１９年３月18日号・４月１日号（法政大学総長・田中優子氏）
２０１９年４月15日号・４月29日号（ヤオコー会長・川野幸夫氏）

2019年5月13日号・6月3日号（千房HD会長・中井政嗣氏）
2019年8月16日号・8月30日号（同志社大学学長・松岡 敬氏）
2019年9月13日号・10月4日号（崎陽軒社長・野並直文氏）
2019年10月18日号・11月1日号（防衛大学校学校長・國分良成氏）

連載「鈴木宗男×佐藤優　世界大地図」

雑誌「プレジデントFamily」

2015年秋号「世界のエリートはどんな本を読んでいるの？
　イートン校の必読書リスト」

PRESIDENT Online

「佐藤優『子どもが頭抜ける』学習法」

「わが子を食える大人に！　作家・佐藤優が『算数と英語は公文』推す理由」

佐藤 優（さとう まさる）

作家・元外務省主任分析官
1960年、東京都生まれ。同志社大学大学院神学研究科修了。2005年に発表した『国家の罠——外務省のラスプーチンと呼ばれて』（新潮社）で第59回毎日出版文化賞特別賞受賞。『自壊する帝国』（新潮社）、『獄中記』（岩波書店）、『交渉術』（文藝春秋）など著書多数。

編集協力：石井謙一郎
カバー写真：村上庄吾
装丁＆本文デザイン：ニルソンデザイン事務所

びびらない、騙されない。

見抜く力

2021年1月24日　第1刷発行
2021年2月28日　第2刷発行

著者　佐藤優

発行者　長坂嘉昭
発行所　株式会社プレジデント社
〒102-8641
東京都千代田区平河町2-16-1　平河町森タワー13階
https://president.co.jp　https://presidentstore.jp
電話　編集 (03) 3237-3737
販売 (03) 3237-3731

編集　浜根英子、髙田 功
販売　桂木栄一、髙橋 徹、川井田美景、森田 巌、末吉秀樹
制作　小池 哉
印刷・製本　株式会社ダイヤモンド・グラフィック社

ISBN 978-4-8334-5163-5　Printed in Japan